A Course in Miracles

奇跡の道

兄イエズスの教え

1

本文・序文～第六章

ヘレン・シャックマン 記
ウィリアム・セットフォード、ケネス・ワプニック 編
田中 百合子 訳

ナチュラルスピリット

奇跡の道　兄イエズスの教え　1

目次

◎本文

本書は、1976 年に Foundation for Inner Peace より出版された
『A Course In Miracles』の初版を邦訳・PDF 配信した
『奇跡の道』の最新版を編集し、分冊した 1 冊目です

奇跡の道

兄イエズスの教え

1

本文・序文～第六章

序文

奇跡の道。必修すべき道である。いつ取り組むかということだけはあなたの随意。自由意志とは学ぶ内容を自分で決められるという意味ではない。ただ好きなときに何を取りたいかを選べるだけのこと。この道は愛の意味を教えることを目指しているのではない、なぜならそれは教えられることを越えているからである。しかしながら、愛は現存する、と自覚することをさえぎるものを取り除くということはたしかに目指している、そしてその愛はあなたが生まれながらに受け継いでいる。愛に反するものは恐れであるが、すべてを含み持つものは相反するものを持ち得ないのである。

したがってこの道は、次のようにごく簡単に要約することができる。

実在的なものは何も脅かされることはない。

非実在的なものは何も存在しない。

ここにこそ神の平安がある。

第一章　奇跡の意味

一　奇跡の原理

奇跡に難しさの順序はない。ある奇跡がほかのより「難しい」とか「大きい」とかということはない。ぜんぶ同じだといえる。愛の表現はすべて最高のものである。

どのような奇跡であろうがそれ自体は重要ではない。ただひとつ重要なことはその御源であるが、それは評価の範囲をはるかに越えている。

奇跡は愛の表現として自然に起こる。本当の奇跡とはそうした奇跡を思い起こさせる愛。この意味においては愛によって生ずるあらゆるものが奇跡である。

すべての奇跡はいのちを意味し、神がいのちを与え賜う御方である。神の御声があなたをきわめて明確に導くだろう。知らなければならないことはすべて告げられる。

奇跡は習慣で、知らず知らずのうちに生ずべきもの。意識に左右されるべきではない。意識的に選ばれた奇跡は誤って導かれることが有り得る。

奇跡は当然の成り行きである。起こらないときは何かが思わしくいかなかったということになる。

奇跡はだれもが持つ権利、しかしまず清めが必要である。

奇跡は不足するものを補うので癒しであり、それは一時的に不足している人のためにその時点で余裕のある人によって成される。

奇跡は一種の取り交わしである。愛の表現はみな真の意味でつねに奇跡的なものだが、それに似て、取り交わすこと自体が物質の法則といわれるものをくつがえす。奇跡はより多くの愛を与え手と受け手の両者にもたらすといえる。

信心をひき起こす見せ物として奇跡を使うのはその目的を誤解してのことである。

祈りとは奇跡のなかだちをするもの。創造されたものと御創造主とが意思の疎通をするための手段といえる。祈りによって愛を受けとり、奇跡によって愛を表現する。

奇跡は思考である。思考というものは下等または肉体的な段階での経験や、高等または霊的な段階での経験を表すことができる。前者は物質的なものを作り、後者は霊的なものを創造する。

奇跡は始めでありまた終わりでもある、したがって、時間的な順序を変える。再生つまり生まれかわるということを肯定するのが常であって、こうするのは後退するように思えるけれども本当は前進することだといえる。そうした奇跡は現在において過去をもとどおりにするのであり、したがって未来を解き放つことになる。

奇跡は真理を証明する。確信から起こるので奇跡には説得力がある。確信なしでは、魔術になりさがってしまい、そんな魔術は心をともなわないので破壊的であり、またむしろ心の非創造的な使い方だといえる。

一日一日を奇跡にささげるべきである。時間の目的はいかにそれを建設的に使うかをあなたが学べるようにすること。したがってそれは教えの手だてであり、目的を達するための手段でもある。時間は学ぶことを容易にするのに役立たなくなったとき止む。

奇跡は教えの手だてであるが、これが実証するのは与えることは受け取るのと同じように幸せであるということ。与え手の力を増すと同時に、受け手にも力を供給するのである。

奇跡はからだというものを超越する。肉体的な段階から離れて目に見えないものへと突然に移行することをいう。それで奇跡は癒すのである。

奇跡とは奉仕である。それもだれかのためにできる最高の奉仕。隣人を我身のごとく愛する方法といえる。自分自身の真価と隣人の真価とを同時に認めるということである。

奇跡は神のうちに心を一つにする。奇跡が協同をあてにするというのは、神の御子としての身分は神が創造されたものすべての和ともいうものだからである。したがって奇跡は時間の法則ではなくて、永遠の法則を反映する。

奇跡が自覚することを再びめざめさせるのだが、それはからだではなくて、霊こそ真理の祭壇だと自覚すること。このような再認識こそが奇跡のもつ癒す力へとみちびくのである。

奇跡は許しにともなう当然のしるしである。奇跡を通して、神の許しをほかの人たちに差し伸べることにより、自分がその許しを受け入れることになる。

奇跡が恐れを連想させるのは、ただ暗闇は隠れることができるという確信のためである。あなたは肉体の目で見ることができないものは存在しないと信じている。こう信じることが霊的に見えるものを否認させるのである。

奇跡は知覚をならべ直してすべての段階を真実にかなったつりあいにおく。こうすることが癒しとなる、というのは病気になるのはそのような段階を混同することによるからである。

奇跡はあなたに病人を癒し、死人をよみがえらすことを可能にする、なぜなら自分で病気や死というものを作ったので、両方とも完全になくせるのである。あなたは奇跡であって、御創造主に似て創造することができる。ほかのものは何もかもことごとく自分自身の悪夢であって、存在しない。ただ光によって創造されたものだけが実在的なものであるといえる。

奇跡はいわば許しが連動するような鎖の部分で、それが完了されたとき贖罪《しょくざい》となる。贖罪はいつでも、そして時間のすべての次元において作用するのである。

奇跡は恐れから解放された状態をあらわす。「償うこと」とは「もとどおりにすること」を意味する。恐れをもとどおりにするということは、奇跡がもつ贖罪的価値のきわめて重要な役割である。

奇跡は普遍的な恵みといえるものであるが、それは神から私を通じてきょうだい皆に注がれるのである。許された者にとっては許せるということは、いわば特別な名誉だとさえ思える。

奇跡は恐れからの解放をうけるに値するとみなす方法。啓示は恐れがすでにまったくなくなった状態をさそい出す。したがって奇跡は手段であり啓示は結果である。

奇跡はあなたを通じて神を賛美する。神が創造なさったものに対して敬意をはらい、またその完全さを肯定することによって神をたたえる。からだと同一ではないと否定し、霊と同一であることを肯定するがゆえに癒すのである。

霊を認めることによって、奇跡は知覚の段階を調整し、ふさわしい配列にしなおしてみせる。こうすることが霊を中心におくことになり、そこではじかに意思の疎通をすることができる。

奇跡は畏敬の念ではなくて、感謝の気持ちを起こさせるはずだ。あなたは自分が本当に何であるかを神に感謝するべきである。神の子どもたちは神聖であって、奇跡はその神聖さを尊ぶのであるが、そうした神聖さは隠されることはあれども決して失われるものではない。

私が励まして奇跡をみなおこさせるのだが、そうした奇跡は実際には人のために祈って取りなすということ。あなたの神聖さのために取りなしたうえで知覚を神聖なものとするのである。あなたを物質的な法則を越えたところにおき、天界という階級の域へと引き上げる。この階級のうちでこそあなたは完全なものとなるのである。

あなたの愛らしさのゆえに奇跡はあなたを尊ぶ。そうした奇跡はあなた自身についての錯覚をぬぐい去ったうえで内なる光というものを知覚する。したがって悪夢からあなたを自由にし、そうした誤りを償うのである。いわば心を錯覚という監禁状態から解放することによって、奇跡はあなたに正気をとりもどさせる。

奇跡は心をそれが満たされたすがたへともどす。不足しているのを償うことによって申し分のない擁護をたしかなものともする。霊の力は侵入しようとするものに、その余地を残さないのである。

奇跡は愛の表現である、しかし必ずしも目に見える結果を伴うとは限らない。

奇跡は正しい考え方の実例で、あなたが知覚することを神が創造されたままの真理と同調させる。

奇跡は間違った考え方に対して私が採り入れた訂正ともいうもの。それは触媒のはたらきをつとめ、まず誤った知覚をばらばらにしたうえで、再びまとめて適切なものにしあげる。こうすることがあなたを贖罪の原理のもとにおき、そこで知覚は癒されることになる。これが起こるまでは、神が授けられた御階級について認識するのは不可能である。

聖霊は奇跡が起こるために必要な心理過程とでもいえるものである。神が創造なさったものとあなたの錯覚とを両方とも見分ける。真実のものを間違ったものから分離させるが、選択的にというよりむしろ全体的に知覚する能力によって分けるのである。

奇跡は誤りをないものとする、なぜなら聖霊は誤りを間違い、または本当でないと見なすのであるから。これは光を知覚することによって暗闇が自動的に消滅するのと同じである。

奇跡はすべての人があなたのきょうだいであり、また私のきょうだいであると承認する。神の普遍的な印というものを知覚する方法だといえる。

完全であるすがたこそ奇跡が知覚する内容である。したがって奇跡は欠けていると間違って知覚することを訂正したり、または償ったりするのである。

奇跡が主に貢献できるのは、奇跡にある力そのものであるが、それはあなたを孤立感や喪失感や欠乏感のような間違った思いから解放する力のことである。

奇跡が生じるのは奇跡的な心の状態、または奇跡への心構えを持った状態においてである。

奇跡が表現するのはキリストを内心自覚していることや、キリストの贖罪を受け入れるということである。

奇跡は決して失われることはない。会ったこともない多くの人々に影響を及ぼしたり、自分で気づいてもいない状況において、夢にも思わない変化をうみだしたりする可能性などはある。

聖霊が最高の意思の疎通をするためのなかだちである。奇跡はこのような意思の疎通を含まない、それは一時的な意思の疎通の手だてであるから。あなたが最初にそうであったように、じかに受ける啓示によって神と意思の疎通をおこなう形態へもどれば、奇跡の必要はなくなるのである。

奇跡は時間の必要性を少なくするための学びの手だてといえる。普通の時間についての法則には従わないで、型にはまらない時間的隔たりを確立する。この意味において奇跡は時間に限定されないものである。

奇跡は時間を制御するために、いますぐあなたの意のままになるただ一つの手だてといえる。ただ啓示だけが時間とはまったく関係ないので時間を超越するのである。

奇跡は誤った知覚をその度合いによって区別などしない。知覚を訂正するための手だてとして、そうした誤り自体の度合いまたは傾向のどちらにもまったく関係なく効果的である。奇跡のもつ真の無差別性とはこのこと。

奇跡はあなたが作ったものを創造と比べて、それと一致するものは真実として受け入れ、一致しないものは間違いだとして拒絶するのである。

二　啓示と時間と奇跡

啓示は疑いと恐れを停止するように仕向けるが、その停止は完全とはいえ一時的なものにすぎない。啓示が反映するのは、神と神が創造なさったものとのあいだで最初からおこなわれていた意思の疎通のすがたであって、それに含まれているのは創造についてのきわめて個人的な意味合いであるが、それを肉体関係においても求めようとされることがある。肉体的な親密さではそれに達することはできない。しかしながら、奇跡は純粋に人と人との関係において起こるので、結果としてほかの人たちと真の親密さというものを生じる。啓示はあなたを神と直に結びつける。奇跡はきょうだいと直に結び付ける。どちらも意識している状態から発するのではないが、両方ともそこで経験されるものである。意識することは行動するように仕向ける状態ではあるけれど、勇気づけてそうさせようとするのではない。自分で選ぶものを信じることは自由であって、何をするかで何を信じるかを立証するのである。

啓示はきわめて個人的なものであって、それをわかるように説明することはできない。だから、それをどのようにことばで描こうとしても不可能だ。啓示はただ経験するようにと仕向けるにすぎないのである。その一方、奇跡は行動するようにと仕向ける。奇跡が今ここでこそ役に立つというのも、こうした奇跡は人と人との関係において起こるという本質をもっているからである。学び始めたばかりのこの段階では、奇跡を行うことが大切である、なぜなら恐れから自由になることをあなたに押し付けるようにはできないのであるから。啓示は文字どおりことばでは表現しきれない、というのも啓示とはことばに表せない愛を経験することだからである。

畏敬の念は啓示のために取っておかれるべきであろう、啓示にはそれが全く正しく当てはまる。奇跡にたいしては、それはふさわしいとはいえない、なぜなら畏敬の念を抱く状態とは敬虔になることであって、下位のものがその御創造主の前にたつという意味を含むからである。あなたは完全に創造されているものであって、ただ完全なるものの御創造主の面前にいるときだけ畏敬の念を経験すべきである。したがって奇跡は同等である者どうしのあいだで愛のしるしとなる。畏敬の念は平等ではないという意味を含むので、同等の者どうしは、お互いに畏敬の念を抱くべきではない。したがって、それは私に対してはふさわしくない反応である。兄が尊重されるに値するのはより深い経験があるからで、素直に聞き入れられるに値するのはよりすぐれた知恵をもっているからだといえる。また、きょうだいであるから愛されるに値し、もし献身的な深い愛で愛されているならそれを受けるに値する。ただ私が深く愛しているからこそ、あなたからも深く愛されるに値するのである。私の持ち合わせるものであなたが手に入れられないものは何もない。神から授からないものは何一つ持ってはいない。今のところ、あなたと私との違いは、私は他には何も持っていないということである。私がおかれた状態は、あなたにとってはただ一つの可能性だろう。「私によらずには、だれ一人、父のみもとにはいけない」と聖書にあるが、それは私があなたからすこしも離れていないし、どのようにも違ってはいないことを意味する、ただし時間においては違っているのだが、時間というものは実際には存在しないのである。この言い方は横軸よりもむしろ縦軸を使って言うほうがよりわかりやすい。あなたは私の下にいて、私は神の下にいるということである。「昇天の過程において、私はあなたより高いところにいる、なぜなら私がいなければ神と人との間の隔たりがあまりにも大きくなってしまい、あなたにはのり越えられなくなるからである。私が一方ではあなたの兄として、その一方では神の子として、その隔たりにいわば橋をかけることになる。きょうだいたちを深く愛しているからこそ、私は御子としての身分をもつ者の担当者になったのであり、またその身分を共にするのでそれを完全なものとするために尽くすのである。それは「私と父とは一つである」という言い方とは矛盾するように思えるかもしれないが、御父はより偉大なお方であると認めるのでこの言い方には二つの部分があるといっておく。

私が啓示を間接的に起こさせるのである、というのも私は聖霊と親しいし、きょうだいたちに啓示をうける心構えがあるかどうかについても敏感だからである。したがって、自分たちで引き下ろせる以上にもっともたらすことができる。聖霊は高いところから低いところへの意思の疎通を取りなすわけだが、それを神からあなたへの直通経路を啓示のために開いておくことによってする。啓示はお互いに与えあうものではない。それは神からあなたへと赴くもので、あなたから神へということはないのである。

奇跡というものは時間の必要性を最も少なくする。経度とか経線のようないわば横の広がりにおいては、御子としての身分に属するものたちは平等であると認めよとすると、それにはほとんど限りがないほどの時間が必要になりそうだとさえ思える。しかしながら、奇跡は必然的に横に知覚することから縦に知覚することへと突然、移行する。こうしたことが時間の差というものをもたらすのであるが、それは与え手と受け手の両者が、こういうことがなかったとしたら、そこに留まっていたであろうといえる時点と、これがためにさらに進んだ時点に現れることになる、その時間の差をいうのである。かくして奇跡は時間を完全になくすという独特の性質を持っているといえるわけで、これは奇跡が及ぶそうした時間的隔たりを不必要にするところまで完全になくすということ。奇跡に要する時間とその奇跡そのものが包括する時間とはなんの関係もない。奇跡は学んで修得するには何千年かかるかもしれないようなことの代わりともなるのである。基本となるものを認めることによって、そうした学びの代わりとなるのだが、それは与え手と受け手は完全に対等であると再認識するということであって、これに奇跡はもとづいている。奇跡は時間をこわすことによってそれを縮め、そうすることでその中に含まれている時間の差を取り除く。しかしながら、奇跡はこれをより大きな時間的つながりのなかで成すのである。

三　贖罪と奇跡

私は贖罪の過程を担当しているが、それを始めることをも引き受けたのである。あなたが私のきょうだいたちの誰かに奇跡を申し出るときは、自分自身と私にするということになる。あなたを私のまえに言った理由は、私自身の贖罪のためには奇跡を必要としないが、あなたが一時的に失敗したばあいに備えて後ろにいるからである。贖罪における私の役割は、あなたにはとても正すことができないような誤りをすべて取り消すことであるが、私がそうしなければ、自分では正すことはできないものとなる。自分の本分に目覚めたとき、あなた自身も贖罪の一部になるのは当然である。あなた自身とほかの者たちの誤りを受け入れたくないという、私の思いをあなたも持っているのだから、あなたもそうした誤りを正す偉大な改革に加わらなければならないのであって、そのためには私の声を聞き、誤りをもと通りにすることを学び、正すことにつとめてほしい。奇跡を行う力はあなたのものである。私がそれを行う機会を用意するが、自分で覚悟をきめて進んで行わなければならない。行うということがその能力に対して確信をもたらす、確信は成し遂げたことを通して得られるのだから。そうした能力は可能性であり、達成したことはその現れだといえる、そして神の子どもたちにとって本来の仕事である贖罪がその目標となる。

「天地はすぎ去る」とは、天と地が分かれた状態のままで続くのではないとの意味である。私の言葉は復活でありまた命そのものであって、命は永遠であるから私の言葉がすぎ去るということはない。あなたが神のみわざであり、神のみわざは本当に愛らしく、かつ本当の愛に満つるものでもある。人は自分の胸のなかで自分のことをこのように思うべきだ、これがその人の本来のすがたであるから。

許された者は贖罪のために手助けする者となる。その人たちは霊に満たされているので、自分も許しをもって返すようになる。解放された者はきょうだいを解放することにぜひ加わるべきである、これこそ贖罪の計画であるから。奇跡は、聖霊につかえる心が私と一つに結ばれる方法であって、こうして共に神が創造なさったものすべてを救い、解放するために聖霊につかえるのである。

ただ私だけが差別することなく奇跡を成すことができる、なぜなら私が贖罪そのものだからである。贖罪において、あなたは私が指図する役をうけ持つことになる。どの奇跡を成すべきかを私に聞くがよい。こうすればむだな努力をしないですむ、それというのも、直に意思の疎通をしながら行動するようになるからだ。個人差に関しないという奇跡の性質は欠くことのできない要素だ、私はそれをいかに応用するかを指導できるし、私の導きのもとに、奇跡はきわめて個人的に啓示を経験することにつながるのだから。導く者は支配するのではないが確かに指導はするのであって、そのあとは従う者にまかせておく。「私たちをこころみにあわせず」というのは「自分の誤りを認め、私の導きに従ってそうした誤りを捨て去ることを選ぶように」との意味である。

誤りは真理を実際には脅かすことなどできず、真理はそうしたことに必ず耐えられる。ただ誤っているものだけが、実のところ何かにつけて弱いといえる。あなたは自由に自分の王国を思いどおりの所へ設けられるが、もし次のことを覚えておけば、正しく選択するのは必然的。

霊は永遠に恩寵のもとにある。

あなたの実在はただ霊であるのみ。

したがってあなたは永遠に恩寵のもとにある。

この観点にもとづいて、贖罪はすべての誤りをもとどおりにし、こうすることで恐れの源を根絶する。神が安心させようとなさることを、あなたは脅威と感じるときには、必ず自分が誤って与えたか、誤ったものにたいする忠誠心を守ろうとしているからだ。あなたがこうしたことをだれかに投影するとき、その人を囚われの身とするが、それはただその人自身がすでに侵した誤りを強化する程度にだけである。こうなったら、その人自身はさらにだれかほかの人の歪みにたいして弱くなるが、それは自分に対する知覚がすでに歪んでいるからだ。奇跡を行う者はその人をただ祝福できるだけであって、こうすることがその人の歪みをもと通りにし、牢獄からも釈放することになる。

あなたは知覚するものに対して応じ、知覚することに沿うようにと振る舞う。黄金律は、だれかにしてほしいと思うことを、自分がまずその人に行うようにと求める。これは両者の知覚が正確でなければならないということを意味する。黄金律はふさわしく振る舞うための規則といえる。正しく知覚しない限り、ふさわしく振る舞うことなどできない。あなたと隣人とは一つ家族の等しい一員どうしなのだから、自分と隣人とをそのように知覚するなら、それ相応に立ち居振る舞い、それ相応に接するだろう。自分自身の神聖さをまず知覚し、それからほかの人たちの神聖さに目をむけるべきだといえる。

奇跡が起きるのは、それにたいする心構えのできた心からである。一つに結ばれることによって、そうした心はだれのところにでも赴く、たとえ奇跡をおこなう者自身はそれを自覚していないとしても。奇跡が個人差に関しない性質をもつのは贖罪というもの自体の性質がそうだからであり、これが創造されたものをみな御創造主と一つに結ぶのである。あなたの真のすがたが現れているとして、奇跡はそうした心を恩寵のもとにおく。そのあと、その心は中におられる御主と外にいる見知らぬ人とを歓迎するのは当然となる。あなたがその見知らぬ人を招きよせたとき、その人は自分のきょうだいとなるのである。

あなたが気づかないうちに、奇跡がなんらかの影響をきょうだいたちに及ぼすことがあったとしても、それは心配しなくてもよいことである。奇跡はあなたを必ず祝福する。あなたに為し遂げるようにと求められていない奇跡は、その価値を失ってなどいない。そうした奇跡もやはりあなた自身は恩寵のもとにあるとの現れである、しかし奇跡がどのように働くかは、私が全計画について完全に知っているので、私の管理にまかせるべきである。本来、個人差に関与しないとする奇跡を行う気があるとき、それはあなたの恩寵を確保するが、ただどこに授けられるか、それがわかる立場にいるのは私だけである。

奇跡は選択的であるといえるとすれば、それはただ自分のために使う者たちへと向けられる、という意味にとった場合だけである。その人たちは、ほかの者たちにもそれを差し伸べるようになることは必然的なので、贖罪のための強いつながりが融合される。しかしながら、この選択性は奇跡そのものの規模については無視する、なぜなら大きさについての概念というものが存在する段階は、それ自体実在的ではないからである。奇跡は実在についての自覚を回復させることを目指すのだから、もし奇跡そのものが、正すことを目指している誤りを左右する法則で縛られているとしたら、役に立たなくなってしまうだろう。

四　暗闇からの逃避

暗闇から逃れるには二つの段階を必要とする――第一に、暗闇は隠すことはできないと認めること。普通これには恐れが必然的にともなう。第二に、もしそれができるとしても、隠したいと思うものは何もないと認めること。このようにすれば恐れから逃れることができる。自らすすんで何も隠さないようになれば、霊的交わりへと快く入るようになるのみならず、平安や喜びを理解するようにもなるだろう。

神聖なるものは決して実際に暗闇に隠されることはないが、それについて自分自身をだますことはできる。こうして欺こうとすると恐れをいだくのは、胸のなかでは確かにごまかしだと気づいているからであり、その実在性を確立しようとして途方もないほど努力をするのである。実在をそれにふさわしいところへ据える。実在は霊にのみふさわしく、奇跡は真理だけを承認する。奇跡は実在しうして自分自身についての錯覚をぬぐい去り、あなたを神との霊的交わりのうちにおくのである。こうして奇跡は贖罪に加わるが、それは心を聖霊に仕えさせることによってする。こうすることが心の適切な役目を確立し、そのうえ心の誤りを正すわけだが、その誤りとは単に愛が欠如していることにすぎない。あなたの心は錯覚のとりことなり得るが、霊は永遠に自由である。もし心が愛なしに知覚すれば、殻の中には何もないと知覚してしまい、その中にある霊には気づかない。しかし贖罪が霊をそれ相応のところへと戻す。霊に仕える心こそ不死身だといえるのである。

暗闇とは光が欠如していることだが、それと同様に罪とは愛が欠如していることである。暗闇自体にはそれだけにあるといえる特性など何もない。それは「欠乏」を信じるという一例であり、この信念からはただ誤りが生じるだけである。真理はつねに満ちあふれている。あらゆるものを持っていると知覚し、承認する者たちは何をも必要としない。贖罪の目的はあらゆるものをあなたに戻すこと、もっと正確にいえば、あらゆるものをあなたが自覚できるようにすることだ。あなたは創造されたときに、だれもがそうであったように、あらゆるものを与えられたのである。

恐れのために生じた空しさを許しと取り替えなければならない。「死はない」と聖書にあるのはそうした意味であり、死は存在しないと私が実証できたわけでもある。私が来たのも律法そのものを解釈し直して、それを完成するためである。そうした律法自体は、もし正しく理解されれば、ただ保護することを提案しているとわかる。これに「ゲヘンナの火」という概念を持ち込んだのは、自分の心をまだ変えていない者たちだ。私は、だれであろうが私に証明させ、また許可してくれる範囲で、その人のために証明すると請け合う。証明するとは自分が信じることを実証するのであり、したがってそうした信念を強めることになる。私のために証明する者たちが奇跡によって現しているのは、自分は満たされているとわかってきたうえ、そうした状態は自分たちのものだということに同意して、恵まれていないと信じるのはやめたということである。

五　完全なすがたと霊

奇跡とからだとがよく似ているのは、どちらも学びの手助けになるという点においてだが、両方とも、それが必要でなくなる状態をもたらすことができるようにするための手助けである。直に意思の疎通をおこなうという霊の本来の状態に達したとき、からだも奇跡も役立たなくなる。しかしながら、あなたがからだのうちにいると信じるあいだは、愛の伴わない表現経路か奇跡的な表現経路か、そのいずれかを選べる。あなたは空虚な殻を作ることはできるが、全然なにも現さないというわけにはいかない。待ったり手間取ったり自分を麻痺させたりできるし、あるいは自分の創造力をないも同然にまで減らせる。しかし、完全になくすことはできない。意思の疎通をする仲立ちとなるものをくじくことはできるが、自分の可能性はくじけない。自分で自分というものを創造したのではないのである。

奇跡を行う気がある者にとって、基本的なきまりは必要以上に時間を待たないということである。時間は無駄に過ごされもすれば、ただ過ぎ去っていきもする。したがって、奇跡を行う者は時間を制御するための要素をよろこんで受けいれる。その人は時間がつぶれるごとに、すべての者が時間から究極的に解放された状態に近づけられることに気づいており、そこでは御子と御父とは一体である。平等であるということは、今ここで平等だという意味を含んでいるのではない。誰もがみなあらゆるものを持っていると認めれば、御子としての身分のためにと、個々に尽力する必要はもはやなくなるのである。

贖罪が完了したとき、与えられている天分はすべて神の子みんなで分かち合うことになる。神はえこひいきするようなお方ではない。神の子みんなが神の全き御愛をもっており、神のすべての賜物は一人ひとりに同じように、惜しむことなく自由に与えられているのである。「あなたたちが、子どもの状態に立ちかえらないなら」といわれる意味は、自分は神に完全に依存していると十分に認めないかぎり、御子が御父と真に結ばれているときにそなわっている、御子の本当の力がわからないということ。神の子たちが特別だといえるすがたになるのは、だれかを除外することによってではなくて、みんなを含むことからだ。私のきょうだいはみんな特別である。もしだれかが自分は何かを奪われていると信じるなら、知覚のしかたは歪んでしまう。これが起きると、神の家族全員または御子としての身分のつながりは弱まってしまうのである。

究極的には、神の家族はひとりのこらず必ず戻るべきである。奇跡は、たとえその人は自分が霊のうちにあると気づいていないとしても、なおその人を祝福し尊ぶので、一人ひとりに戻ってくるようにと呼びかける。「神をあなどってはならない」とは、戒めではなくて安心させようとする励ましのことばである。もし神に創造されたものがすこしでも神聖さに欠けていたら、神はあなどられているということになるであろう。神の創造は完全であり、完全であるという印こそが神聖なすがた。奇跡は御子としての身分を肯定する表現であり、その身分とはすべてが完了し、満ち満たされたるすがたである。

真実であるものは永遠であり、変わることはできないし、変えられてしまうこともない。したがって、霊はすでに完全であるから変更できないものであるが、心はみずから仕えたいと思うものを選べる。その選択をするばあい唯一の制限は、二人の主人には奉仕できないということ。もし心が選ぶなら、霊のなかだちとなれるのだが、それは霊が自らの創造方針にしたがって創造するなかだちをするということ。もしこうすることを自由に選ばないとすれば、心はそれ自体の創造的可能性を保持するとはいえ、自らを権威ある御方の支配下ではなく圧制的に支配するものの下におくことになる。その結果、閉じ込められてしまうことになる、暴君はとかくそんなことを命ずるものであるから。心を変えるとは、自分の心を真の御権威者が自由になさるに任せるとの意味である。

奇跡はそうした心が私に導かれてキリストに仕えることを選んだ、というしるし。キリストとして満ちあふれたすがたこそ、キリストに従うことを選んだ当然の成果である。浅い根はすべて根こそぎにしなければならない、あなたを支えるには十分な深さではないのだから。浅い根はもっと深くできるし、そうすれば持ち堪えさせられると錯覚するのはゆがんだ見かたの一つだが、これは黄金律を逆にするもとになる。こうした間違った支えを放棄するにしたがって、一時的に気持ちが落ち着かなくなる。しかしながら、ものごとをさかさまに見て、それを方向づけようとすることほど不安定なことはない。ましてやそれを逆にしたままで支えておいて、安定感を増す助けになるものなど何もないのである。

六　必要性についての錯覚

平安を得たいと望むなら、ただ完全に許すことによってのみ、それを見いだせる。何を学ぶにしても、それを学びたいと望み、また自分にとって必要だとなんとか信じないかぎり、何をも自分のものにはできない。神の創造には不足するものなどないのに、あなたが作ったものには不足するものがあることはきわめて明白である。実のところ、これこそ本質的な違いだろう。何かに不足しているということは、現状からぬけだして自分をほかの状態においてこそ、幸せになれるということを暗に示している。「人類の堕落」を意味する「分離」が生じるまでは、何も不足していなかった。必要なものなど全くなかったのである。必要にせまられるのは、ただ自分で自分のものを拒むときだけだといえる。自分にとって必要なものを特定の順序に設けておいて、それにしたがって行動しようとする。そうするにしても、まず自分のことを何であると知覚するかによって左右されるのである。

神から分離しているとの思いこそ、自分は不足していると思わせるもとであり、実にあなたに正す必要があるのはただこれだけだといえる。こうした分離感は、もしあなたが自分で真理について知覚したことを歪めておいて、自分には何か欠けていると知覚したりなどしなかったなら、決して生じなかったはずだ。必要なものに順序があるとの想念が生じたというのも、そうした基本的な誤りをして、すでに自分を異なることを必要とする段階へとばらばらにしていたからである。そんな自分を統合するにしたがって一つになるのであり、そうすることで必要だと思うものも一つになる。必要なものが一様となれば、行動のしかたも統一されたものになる、そうすることが葛藤のない状態をうみだすのであるから。

必要なものに順序があるとの想念自体は、人は神から分離できるという最初の誤りにひき続いておきるのだが、まずそうした想念のある段階においてそれを訂正する必要があり、その後で段階をかりにも知覚するという誤りそのものを正すことができる。あなたが異なった段階で役目を果たしているうちは、効果的には振る舞えない。しかしながら、そうしているうちは、まず一番下のところから上にむかって訂正をはじめなければならない。それというのもあなたが「上」や「下」といった概念に意味があるとする、空間に生きていると思っているからである。究極的には、空間も時間とおなじように意味がない。両方とも単に、信じ込んでいるにすぎないこと。

この世の本当の目的はそれを使って、あなたが信じられないと思っているのを正すことである。恐れが及ぼす影響を自分で抑制することは決してできない、というのも恐れを作ったのは自分であり、そのうえ自分の作ったものを信じているからだ。とすれば、あなたの態度は、内容はちがっているが、御創造主に似ている、それというのも御創造主は創造なさったものにたいして、自らが創造したのだからといって、完全な信頼をもっておられるからである。信じるということが、何かが存在するということを受け入れさせる。だから他にはだれも真実だと思わないことでも信じられるわけだ。それが自分にとっては真実だというのも、それを作ったのは自分だからである。

恐れに関して心に映ることは、すべて創造の段階では存在しないものであるから真実ではない、したがってそれはまったく存在しないのである。この評価のしかたを自分でどの程度まで信じる気になるにせよ、その範囲ないで自分がどう知覚するかを正せる。奇跡は間違ったものを真実であるものから、つぎに述べることに基づいて選《よ》り分ける。

完全な愛は恐れを取り除く。

もし恐れが存在すれば、完全な愛はないことになる。

しかしながら――完全な愛だけが存在する。

もし恐れがあれば、それは存在しない状態を生み出す。

これを信じればあなたは自由になるであろう。こうした解決法を設けることができるのは神だけであり、こう信じる心こそ神の賜物である。

七　奇跡への衝動の歪み

あなたの歪んだ知覚は、奇跡をおこなうのに役だつ衝動を密度の高いおおいで包み込み、その衝動を自覚しにくくしている。奇跡への衝動と肉体的衝動とを混同するのは知覚にともなう主な歪みである。肉体的衝動は奇跡への衝動が誤って指図されたものといえる。本当の喜びはすべて、神の御意志を行うことからくる。というのも、それを行わないでおくと本来の自己を否認することになるからである。本来の自己を否認すれば錯覚を引き起こすわけだが、そうした誤りを訂正することで錯覚から解放される。外面的なものごとで、神やきょうだいたちと平安のうちに心を通わせられるとなど、自分をだまして信じこまないように。

神の子どもよ、あなたが創造されたのは、善なるもの、美しいもの、聖なるものを創造するためである。これを忘れないように。神の御愛はいましばらく、からだとからだを通じて表現されなければならない、洞察力ではまだよく見えないのだから。あなたは自分の知覚を広げるのを助けるためにからだを使うのが一番いいだろうし、そうすることで肉体の目では不可能な本当の洞察力による心像をみることができるようになる。こうすることを学ぶためにのみ、からだは本当に役立つのである。

空想は洞察力のゆがんだ形といえる。どんな種類であれ、空想されたことはゆがめられている、実在しないものを見ようと必然的にねじ曲げて知覚しようとするのがつねであるから。ゆがんだものを因《もと》に行動するのは、文字どおり自分では何をしているのかわかっていない者たちがする反応のしかただといえる。空想は間違った必要性にしたがって実在を制御しようとする試みである。どのようにであれ、実在をねじ曲げるなら、破壊的に知覚していることになる。空想は間違った連想をしておいて、それから快感を得ようとする手段。しかし、間違って連想したことを知覚できるとはいえ、それは自分自身にだけ本当のことにしておけるにすぎない。あなたは自分で作るものを信じる。もしあなたが奇跡をさしのべるとすれば、あなたの奇跡に対する信念も同様に強いものとなるであろう。そしてあなたの確信の強さが、奇跡を受け取る人の信念を支えることになる。実在の本質が全面的に満足できるものだということが、与える者と受けとる者、その両方に明白となるにつれ、空想などことごとく必要ではなくなる。実在を「失った」のは権利を奪ったからであり、それがまた暴政をうみだすのである。ひとりでも「奴隷」が取り残されて地上を歩むかぎり、あなたは完全に解放されたとはいえない。御子としての身分にぞくする者たちをみんな復帰させること、これこそ奇跡を行う気がある者にとって唯一の目標である。

この奇跡の道の教えは心を訓練するためのものである。学ぶということはすべてある程度の注意力と絶えざる努力とを要する。この教えの過程において、あとで出てくる部分は、はじめのほうの何節かにかなり重くもとづくので、ここを注意深く勉強するようにと要求せずにはいられない。準備するためにもこれらの部分が必要である。それなしでは、後にでてくる部分で言わんとすることにあまりにも強い恐れを抱いて、前向きな気持ちでは受け入れられないかもしれない。ともかく最初の何節かを勉強するにつれて、後で詳しく説明されることをほのめかす点がいくつか目につきはじめるだろう。

しっかりした基礎が必要である、それなしでは、私がすでに言及した恐れと畏敬の念とを混同してしまうことがありえるし、それはよくすることであるから。私がすでに述べたことだが、神の子たちのつながりにおいては畏敬の念をいだくのは適切ではない、なぜなら自分と等しいものの面前では畏敬の念を覚えるべきではないからである。しかしながら、あなたの御創造主の御前で畏敬の念を抱くのはふさわしいことだとも強調した。私の贖罪における役を大げさに言ったり控え目に言ったりすることなく、明らかにするようにと心がけてきた。またあなたの役についても同じようにしようと努めている。我々は本来平等だから、私にたいして畏敬の念をもつのは適当な反応ではないということを力説しておいた。しかしながら、この奇跡の道の教えの後のほうにでてくる段階では、もっとじかに神御自身に近づくことが必然的となる。注意深く準備しないでこうした段階へと歩み始めるのは賢明とはいえない、さもないと、畏敬の念を恐れと混同してしまい、そうした経験は至福にみちた経験となるより精神的に傷を与えるものとなる。結局、癒しは神に属することである。そのための手段があなたのために念入りに説明してある。最後に行き着くところを、時には啓示が見せてくれるかもしれないが、そこへ到達するには手段というものを必要とするのである。

第二章　分離と贖罪

一　分離の起源

拡張するということは神の根本的な心のあり方をあらわしており、神は御子にもこうあるようにと望まれた。創造するにあたり、神は御自らを創造なさるものへと拡張されたうえ、御自分と同じように愛にみちて創造するようにとの御意志を吹き込まれた。あなたは満ち足りたすがたに創造されたのみならず、完全に創造されているのである。あなたには空虚さなどない。あなたは御創造主に似ているので、創造的である。神の子どものこの能力は生まれながらのものだから、だれ一人これを失うことはあり得ないが、それを投影することによって不適当な使いかたはできる。適当とはいえないやり方で拡張したり投影したりすることが起きるとすれば、それは自分はなぜか空しくて何か欠けていると感じるが、真理の代わりに自分自身の想念でそうした不足を満たせると信じるときである。このような過程はつぎに述べる段階を必然的に含む。

第一、神が創造されたものを、自分の心で変えられると信じる。

第二、完全であるものを不完全にしたり、欠けたものと為しえると信じる。

第三、神が創造なさったものを歪めることができると信じ、これには自分自身も含まれる。

第四、自分で自分を創造できるし、その創造の傾向は自分の思いどおりにできると信じる。

このように関連した歪みは、分離したとき、すなわち「恐れへの回り道」において実際に何が起きたのかを表している光景といえる。そのどちらも分離する前には存在しなかったし、実際には今も存在してはいない。神が創造されたものは何もかもみな神に似ている。神が取り掛かられたような拡張は、御父から子どもたちが受け継ぐ内面的な輝きに類似している。それの本当の源は内在するものである。これは御子について真実だし、同じことが御父についてもいえる。この意味で、創造とは神が創造なさった御子と、心が癒された御子が創造するものとの両方を含む。これには神が御子に自由意志を与えられることを要する、なぜなら愛に満ちて創造されるものはみな一つに連なって惜しみなく与えられているからであり、そこではすべての側面が同じ階級にある。

エデンの園、または分離以前の状況は、心は何も必要としない状態だった。アダムが「へびの虚言」に耳を傾けたとき、そこで聞いたことはみな偽りだった。あなたがそうすることを選ぶのなら別だが、真実でないことを信じ続ける必要などないのである。そうしたことはすべて単に誤って知覚したことにすぎないのだから、文字どおり、瞬く間に消え失せてしまう。夢のなかでの出来事はきわめて本当のように思えるものである。依然として聖書には、アダムが深い眠りについた、とあるけれども、アダムが目覚めたことを言及するところはどこにもない。この世はまだ、包括的な目覚めや再生を少しも経験してはいないということになる。ここでいう再生は、投影したり誤って創造し続けるかぎり不可能だ。しかしながらそれは、神が御自分の霊をあなたに拡張されたと同じように拡張するために、あなたのうちに今も存続する。実在においては、ただこうすることを選べるだけだ、なぜなら、あなたの自由意志は完全なものを創造するという喜びのために与えられているからである。

恐れというものはみな、結局のところ、自分は神の力さえ奪う能力をもっていると基本的に誤って知覚することからくる、と集約できる。もちろん、あなたにはそんなことはできもしないし、為し得てもいない。これこそ恐れから逃れるための本当の根拠となる。贖罪を受け入れることによって恐れから逃れることができるし、この贖罪が自分の誤りは決して実際には起こらなかったと悟らせてくれる。アダムはただぐっすりと寝込んでいるあいだに、悪夢を経験できるというわけだ。もし、だれかが恐ろしい夢を見ている最中に突然明かりがついたら、とっさにその明かり自体も夢の部分だと判断して怖がるかもしれない。しかしながら目覚めたときには、その光は夢から解放されたということだと正しく知覚し、もはやそんな夢を実在だとは認めない。こうして解放されることは錯覚に左右されるわけではない。光明を投ずる知識があなたを自由にするだけでなく、たしかに自由だということをあなたにはっきりと見せてくれる。

あなたがどのような嘘や偽りごとを信じようが、それは奇跡にとって問題ではなく、どれも同じように容易に癒すことができる。奇跡は誤って知覚されたものごとを区別しようとはしない。ただ関心があるのは、対立している真理と誤りとを見分けることだけだ。ある奇跡はその規模がほかのより大きいように思えるかもしれない。しかしこの奇跡の道が説く第一の原理を忘れないでほしい、奇跡に難しさの順序はないのである。実在において、あなたは愛を欠いているどのような表現にも、まったく影響されてはいない。こうした表現は、自分とほかの人たちからの表現だったり、自分からほかの人たちへの表現だったり、ほかの人たちから自分への表現だったりする。平安はあなたの中にある属性。それを外に見いだすことなどできないのである。病気になるのは何かを外に捜し求めようとしているすがたともいえる。健康であるとは心が平安であるということ。それはあなたが外面の愛に欠けたものごとによって動揺させられることなどなくし、そのうえあなたが奇跡を受け入れることで、ほかの人たちに愛が欠けているために生ずる状況なども正せるようになるのである。

二　防衛としての贖罪

あなたには私が頼むことなら何でもできる。奇跡を成すようにと頼んだし、奇跡は自然なものであり矯正的であり癒しであり、普遍であることなど、明らかにさせておいた。奇跡にできないことは何ひとつないが、疑ったり恐れたりしていたのでは成しえない。何かを怖がるとすれば、自分を傷つける力がそれにあると承認していることになる。自分が胸の思いをよせるところには、自分の宝もあるということを思い出すように。自分で価値があると見なすものを信じるのである。もし恐れを抱いているなら、間違って評価しているといえる。そうなると自分の理解力では間違って評価するようになることは免れず、また思考にはすべて同じような力があると考えると、それが心の平安をみだしてしまうのは必然的である。だから聖書では「あらゆる人知を越える神の平安」について述べている。この平安はどんな種類の誤りにもまったく揺るがぬものである。それは神にぞくさない何ものかの能力が、あなたに影響を及ぼすはずがないとして、それを否定してしまう。これこそ適切な否認のしかたといえる。何かを隠そうとしてではなく、誤りを正すために否認するということ。誤りをすべて光へともたらしたうえで、誤りと暗闇とは同じものなのだから、自動的に誤りを正すのである。

真に否認することは強力な保護するための手だてといえる。間違っていることが自分を傷つけることができるとなど信じないでいられるし、そうすべきである。こんな風に否認するのは隠す手段ではなくて訂正する手段となる。あなたの正しい心はこれに依存する。まちがいを否認するのは真理のためには強い防衛となるが、真理を否認すると結果的に誤って創造し、自我を投影することになる。正しい心に仕えるうちに、まちがいを否認することで心を自由にし、意志の自由を確立し直すのである。意志が本当に自由なら誤って創造することはありえない、ただ真理のみを認めるのであるから。

あなたは間違っていることを防衛できるし、同様に真理を防衛できる。そのための手段は、目標とするものの価値をしっかり設定したあとで、もっと分かりやすくなる。何の為にするのか、それが問題。だれもみな自分の宝を守るのであり、また自動的に守ろうとするだろう。本当の質問は、何を宝として蓄え、それをどれほど大事にするかである。いつもこうした質問をまず考慮したうえで行動に移すことをいちど習得したら、その手段をはっきりとさせるのは容易になるだろう。そうした手段はあなたが求めさえすればいつでも応じられるようにしてある。しかも、もしこの一歩を必要以上に長引かせさえしなければ、時間を省くことができる。正しく焦点を合わせれば、それを測り知れないほど短くできるだろう。

贖罪こそ破壊的には使えない唯一の防衛法といえる、なぜならそれはあなたが作った手だてではないからである。贖罪の原理というものは贖罪が始まるずっと前から実質的にあった。その原理は愛であり贖罪が愛のなすわざであった。分離以前には愛のなすわざは必要ではなかった、空間と時間に対する信念など存在しなかったのだから。贖罪とそれを完了するのに必要な条件を計画されたのは、ただ分離以後のことである。つまりその分離のあと、誤って使われることのない完全で申し分のない防衛を必要としたわけだ、とはいえその防衛が拒否されることはありえる。しかしながら、拒否することがこの防衛法を攻撃するための武器に変えることはできなかった、ところがほかの防衛法にはこれが当たり前の特徴だといえる。こうして贖罪が両刃《もろは》の剣《つるぎ》ではない唯一の防衛法となるわけだ。贖罪はただ癒すことができるだけである。

贖罪が空間と時間についての信念があるところへ造られたのは、そうした信念自体が必要だと思われることに限度をもうけたうえで、究極的には学びを完了させるためである。贖罪はその最終的な教訓となる。学ぶこと自体は、それが行われる学びの場のように一時的なもの。学ぶための能力というものは、もはや変化する必要がなくなれば何の価値もない。永遠に創造しつづけるものには、何も学ぶべきことはないのである。あなたは自分の知覚力を向上させるために学べるし、ますますよい学習者になれる。こうしてあなたは御子としての身分にある者とより親しく一致することだろう、しかし御子としての身分そのものは完全な御創造であり、完全さは度合いの問題ではない。ただ、違いがあると信じるあいだは、学ぶことにも意義があるといえる。

進化とは進歩の過程であって、そこではある段階から次の段階へと進んでいるように思える。以前に踏み誤ったことを前向きに歩み続けて正すのである。時間の点から見ると、この過程は実に不可解だ、前進するごとに元へ戻っていることになるのだから。贖罪がその手だてであって、あなたが先へ進むにしたがい、過ぎ去ったことから自分を自由な身にできるのである。それは過去の間違いをもとどおりにしてくれるので、あなたには、それまでのように復帰するために進歩するどころか、もと来た道をたどり直し続けるようなことをもうする必要がなくなる。この意味において贖罪は時間を省くが、贖罪が奉仕しているその奇跡とおなじで、時間を完全になくすということはしない。贖罪が必要である限り、時間も必要だといえる。ただ、完了した計画としての贖罪は時間と独特の関係をもっている。贖罪が完了するまでは、そのさまざまな段階は時間のなかで進むが、完全な贖罪というものは時間の終わりにある。その時点で、復帰するための橋が造られたということになる。

贖罪はいわば誠心誠意したがうと決心すること。あなたはまだ、こうすることを敗北と結びつけて考えるかも知れないが、「これは分離した神の子たちがみんなどうしても思い違いすることである。攻撃することが出来ない防衛こそが最善の防衛であるとは信じがたいかもしれない。「柔和な人は地をゆずりうけるであろう」との言葉が意味するのがこれである。柔和な人たちは持前の力強さで、文字どおり地を引き継ぐことだろう。二つの方向にむいて防衛することは本質的に弱いところがある、というのはまさに両刃をもっているからであって、きわめて不意に自分を不利な立場にしかねない。この可能性を制御できるのは奇跡だけである。奇跡が贖罪という防衛力であなたを本当に擁護するのであり、自分は安全だと確信を持てるようになるにつれて、あなたは自分がきょうだいでありや御子でもあると分かってきて、他の人たちを擁護するという生まれながらの才能を自分のものとするだろう。

三　神の祭壇

贖罪は内なる光を解放することによってのみ、あなたに受け入れられる。分離以来、ほとんどの防衛法はみな贖罪に逆らって防衛するために使われてきており、かくして分離状態を持続している。からだというものを保護するには、そうする必要があると一般にみなされている。心が携わる多くの肉体的な空想は、からだを「罪の償い」を果たす手段として使えるという歪んだ信念から生ずる。からだを聖霊の宮として知覚するのは、こうした歪みを正すための第一段階にすぎない、その歪みの一部分だけを改めるわけであるから。それはたしかに物質的な点での贖罪は不可能だとは認めている。しかしながら、次の段階で悟るべきことは、いやしくも聖霊の宮とは建物をさしているのではないということ。それの本当の神聖さは内なる祭壇にあり、そのまわりに建物を建てることになる。みごとな建物を強調するとすれば、それは贖罪を恐れていて、祭壇そのものに達するのは気が進まないということを現している。聖霊の宮の本当の美しさというものは、肉体の目で見ることなどできはしない。その半面、霊的な見方は完全な洞察力なので、建物を全く見ることができない。しかしながら、祭壇そのものは申し分なくはっきりと見ることができるのである。

贖罪には申し分ない効力があるからこそ、内なる祭壇の中心となるにふさわしく、そこで分離をもと通りにし、心を完全なすがたに回復させるのである。分離以前は、恐れというものは存在しなかったので、心が恐れによって傷つけられることなどなかった。分離と恐れとは両方とも誤って創造されたことであり、聖霊の宮を修復し、祭壇を開いて贖罪を迎え入れるためには、どちらも、もとどおりにしなければならない。こうして、あなたのうちに分離についてのすべての思いに対して効果的な防衛法をおき、あなたを全く傷つけられないようにすることで分離状態を癒すのである。

だれもがみんな贖罪を受け入れるのは、ただ時間の問題。こういうと、その最終結論は必然的だといっているようで、自由意志と矛盾するように思えるかもしれないが、そうではない。あなたは一時逃れできるし、途方もなくぐずつくこともできるが、御創造主から完全に離れ去ることはできない、その御創造主はあなたが誤って創造する能力に限界を定めておられるのだから。捕らわれの身である者は、極端な場合、まったく耐えられないような事態を引き起こすようになる。痛みや苦しみにたいする忍耐力はかなりあるかもしれないが、それに限界がないわけではない。結局はだれもが、もっといい道が必ずあるはずだと、どんなにかすかであるにせよ、気づき始める。こう気づいたことをさらにしっかりと確信したとき、それが重大な転機となる。究極的にはこれが霊的洞察力を再び目覚めさせ、それと同時にからだの目で見ることを当てにしたり期待したりしなくなる。二つの段階で交互に知覚し、そのどちらかに期待しようとすると、葛藤を覚えるのはあたりまえだし、それがかなり深刻になることがある。しかし、その結果そのものは神にも劣らず確かなことである。霊的洞察力は、まったく間違いを見ることができず、ただ贖罪を待ち受けるだけである。肉体的な目で求めようとする解決法はみな次第に消え失せる。

霊的洞察力は内面に目を向けて、すぐに祭壇が汚されているのに気づき、それをきれいにし、保護する必要があるとみてとる。それは正しい防衛のしかたを十分にわきまえているので、他のをみな通り越し、間違いを後にして真理を求める。それの洞察力は強いので、心をそれに奉仕する気にさせる。こうすることが心の力を回復させ、遅れを取ることはただ必要のない苦痛を加えるだけだと悟るので、それに耐えられなくなる。その結果、心はかつて、まったく些細なことでただ少し不安にさせるだけと見なしていたことに対しても、ますます敏感になってくる。

神の子どもたちは、完全に信頼すればこそ得られるという、申し分のない慰めを受けるにあたいする。これを達成するまでは、いわば自分自身ならびに持前の真の創造力を、適当とはいえない手段で少しでも自分たちを楽にしようとする無益な企てに、浪費したりすることになる。しかし、そのための本当の手段はすでに与えられており、それは神の子どもたちが努力をするかしないかということには全く左右されないものである。贖罪こそ神の祭壇で捧げられるのにふさわしい唯一の贈り物だとするのは、その祭壇そのものに価値があるからだ。それは完全に創造されており、完全であるものを受け取るのに全くふさわしいといえる。神と神が創造なさったものは、全面的にお互いに依存しあう。神が完全に創造なさったものだからこそ、頼りになさるのである。神が御自らの平安を与えられたのも、そうすれば動揺したり欺かれたりしないですむだろうと思われてのことであった。あなたが怖がるたびに、欺かれているのは確かであってあなたの心は聖霊に仕えることができなくなる。これが日用の糧を拒むのであって、自分を飢えさせることになってしまう。神は御子たちがいなければ孤独な思いをなさり、また御子たちは神がいらっしゃらなければ孤独である。御子たちは、この世は分離を癒すための手段だと見なすことを学ばなければならない。贖罪こそ、御子たちが究極的にはそれに成功するという保証である。

四　恐れからの解放である癒し

これから強調したいことは、癒しについてである。奇跡は手段であり、贖罪は原理であって、癒しがその成果だといえる。「癒しの奇跡」という言い方をすると、実在の二つの階級を適切とはいえない方法で併合することになる。癒しは奇跡ではない。贖罪または最終的な奇跡とは療法であって、どのような種類の癒しもその成果である。贖罪が適用されることになる間違いの種類には関係ない。癒しとはすべて本質的に恐れから解放されることだ。これに取り掛かるには、あなた自身が恐れていてはならない。癒しを理解できないのは自分が恐れているからである。

贖罪の計画における主要な歩みは、すべての段階で間違いをもとどおりにすること。病気あるいは「心が正常ではない状態」は段階を混同した結果といえる、なぜならそれにはある段階において不都合なことは、ほかの段階にも不利に影響しえるという信念をいつも伴うからである。奇跡は段階の混同を正す手段だと言ったことがある、それというのも間違いはすべて、それが起こった段階で正す必要があるからだ。間違いを犯しかねないのは心だけである。からだが間違って行動できるのは、ただ誤った思考に応じているときだけだ。からだは創造することはできないのだが、それができるという信念、そんな根本的な間違いがすべての身体的症状を生じさせる。からだを病むとは魔術を信じているということの現れ。魔術を作りあげた全くの歪みは、物質のなかに創造能力があり、その能力を心で制御することはできないという信念に基づく。こうした間違いは二つの形態を取りえる、たとえば心がからだのなかで誤って創造できるとか、からだが心のなかで誤って創造できるとか信じたりする。唯一の創造の段階である心は、心そのものをこえて創造できないということを理解されたなら、どちらの混同も起こる必要はない。

霊はすでに創造されているので、ただ心が創造できるだけであり、からだは心が学ぶための手だてである。学ぶための手だてとなるもの自体は教訓ではない。その目的はただ単に学び易くすることと。学びの手だてであるものを使い損ねて、最悪のことが起こったとしても、それはただ学び易くすることができないだけである。そうした手だて自体は実際に間違って学ばせる力など持ってはいない。もし正しく理解されれば、からだは両刃の応用法にたいして、贖罪がもっているような傷つけられることのない強みをもっているとわかる。これはからだが奇跡だからではなくて、からだは本来、誤って解釈される余地などないからである。からだは単に物質世界において、あなたが経験する部分にすぎない。からだのもつ能力は過大評価されることがありえるし、確かにたびたび過大評価されている。しかしながら、この世ではからだの存在を否定するのはほとんど不可能である。それを否定する者たちは、とりわけ価値のないかたちで否認しているといえる。ここで「価値のない」という用語は、ただむとんちゃくなものを否定することで、心を保護する必要はないという意味を含んでいるだけである。もし、心の力がもつこの一見のぞましくない一面を否定すれば、その力そのものをも否定することになる。

からだの病を癒す方法として、あなたが受け入れる物質的手段はみな、いわば魔術の原理を言い換えたようなものだ。これはからだがそれ自体の病気のもとだと信じこむようになる第一歩といえる。創造的でない動因によって癒そうとするのは二番目の失策である。しかしながら、矯正的な目的のためにそのような動因を使うのは邪悪だということにはならない。時には、病が心を支配してしまうほどの力をもつことがあり、一時的とはいえ、ある人を贖罪に近付けなくする。こうした場合には、心とからだとに妥協して、一時的に外からの何かに癒す力がある、と信じることで対処するのが賢明といえるかもしれない。心が正常でない者、あるいは病人を助けるのに、その人たちの恐れを増すようなことは、まったく役立たないからである。それでなくてもその人たちは、恐れのために弱りきった状態になっている。もし時期尚早に奇跡を目にしたら、突然うろたえさせることになりかねない。さかさまの知覚法が、奇跡はぞっとするほど恐ろしいものだ、と信じこませてしまった時、こうしたことが起こりやすい。

贖罪の価値というものは、それがどのような仕方で表現されるかには関係がない。事実、もしそれが心から使われたら、きっと受け手にとって最も役立つようなかたちで表現されるだろう。これは奇跡がもつ効果を最大限に達成するには、受け取る者が恐れを感じることなく理解できるような伝達手段で、表現されなければならないことを意味する。必ずしも、これがその人にできる最高段階の意思の疎通というわけではない。しかしながら、それが今その人にできる最高段階の意思の疎通だということ。奇跡が全面的に目指すことは意思の疎通をおこなう段階を上げることであり、恐れを増すことによって段階を下げることではないのである。

五　奇跡を行う者の役目

奇跡を行う者たちが、この世における役目に着手する準備が整ったと言えるようになるには、解放にともなう恐れというものを十分に理解することがきわめて重要である。さもないと、解放とは監禁されるようなものだという信念を、それと知らずに心に抱くかもしれないし、すでにきわめて一般的にこう信じられている。そのように誤って知覚することは、危害をこうむるのはからだだけに限ることができると信じたあと、それに続いて生ずる。そうなるのは、心がそれ自体を傷つけることができるという潜在的な恐れがあるからだといえる。このような間違いはどれも意味がない、心が誤って創造したものなど実際には存在しないのだから。こう再認識することは段階を混同したどんな形態よりも、はるかにすぐれた保護の手だてといえる、というのは間違いそのものがある段階で、まず訂正を取り入れるからだ。ただ心だけが創造できるのであり、訂正は思考の段階でなされる、と覚えておくことはきわめて重要である。前に述べたことを強調すると、霊はすでに完全なものであるから、訂正される必要などないということ。からだは心が学ぶための手だてとしてのみ存在するということ。この学びの手だては創造することができないのだから、それ自体が間違いの種にはならないということ。では、心に誤って創造したものをあきらめさせるのが、創造能力の応用法で、ただ一つ本当に有意義であることは明白。

思慮のないこと、または誤って創造するのに心を使うことを魔術という。物質的薬物療法はいわば「呪文」の形態であるが、もし心を使って癒すのを恐れているのであれば、それを試みるべきではない。恐れているという事実が、あなたの心を誤って創造しようとする誘いに弱くする。したがって、何らかの癒しが生じたとしても、それを誤解しそうだし、そのうえ自己中心的になることと恐れは普通いっしょに起こるので、癒しの本当の御源を受け入れることができないかもしれない。こんな状況では、一時的に、物質的な癒しの手だてを頼みにするほうがあなたにとってはより安全だろう、そのような手だてを自分が創造したものだと、誤って知覚することはできないだろうから。誘いに弱いという感じがしつこく続く限り、奇跡を行おうとしないほうがいい。

私がすでに述べたように、奇跡を行う気持ちの現れが奇跡であり、奇跡を行う気持ちがあるとは心が正しい状態にあることを意味する。心が正しいものは、奇跡を行う者または奇跡を受ける者の心を、高揚することもなければ軽視することもない。しかしながら、訂正することを意味する奇跡は、それを受ける者の心が正しい状態になるのを待つ必要はない。それどころか、奇跡の目的はその人を自分の正しい心へと戻すことである。しかし、奇跡を行う者こそたとえ短い時間であろうとも、正しい心であることがきわめて重要だ、さもなければだれかほかの人の心を正しい状態に回復させることなどできないだろう。

自分自身の準備ができていることをあてにして癒す者は、自分の理解力をあやうくしていることになる。自分の準備ができているかどうかを全然気にしないで、ただ私の準備ができていることを絶えず信頼しつづける限り絶対に大丈夫である。もしあなたの奇跡を行おうとする気持ちが適切に働いていないとしたら、それはいつでも恐れが心の正しい状態に侵入して、逆さまにしてしまっているからだ。どんなかたちであれ、心が正しい状態にあるとはいえないなら、それはみな自分のために贖罪を受け入れることを拒否した結果。もしあなたが贖罪をたしかに受け入れたなら、あなたは癒しを必要とする者たちはただ、心が正しい状態であることこそ癒しである、とまだ悟っていないだけだということが分かる立場にある。

奇跡を行う者がただ一つ責任をもつべきことは、自分自身が贖罪を受け入れるということである。それは、心が唯一の創造段階であるし、心の間違いは贖罪によって癒されると認めることを意味する。いったんこれを受け入れれば、あなたの心はただ癒えるだけとなる。自分の心に潜在するどんな破壊的な力をも否定し、純粋に建設的な力をそれに取り戻させることによって、あなたはほかの人たちが段階を混同しているのをもとどおりにする立場になる。そこで、あなたはその人たちの心も同様に建設的であり、誤って創造したものがその人たちを傷つけることはできないという真理を伝える。これを肯定することによって、あなたは心をそれの学びの手だてを過大評価することから解放し、心を学ぶものとしての真の立場へともどすのである。

もう一度、強調しておきたいのは、からだは創造しないし、同様に学習することもないということ。それは学びの手だてとして、単に学ぶ者に従うだけだが、もし間違ってそれに率先力があると考えたら、学習を促進するどころか、かえってひどく妨げることになる。ただ心だけが光明を受け取ることができる。霊はすでに光明にみたされており、からだ自体はあまりにも鈍すぎる。しかしながら、心がからだは学ぶものではないから学ぶことに慣れてないのだと認めることで、心の光明をからだにもたらすことができる。しかも、そうしたからだは、からだを越えて光に向かって見つめることを学んだ心と、容易に同調させられるのである。

矯正的な学習はいつも、まず霊に目覚めて肉体的な見方を信じるのをやめることから始まる。これが必然的に恐れを伴うことはよくある、それは霊的な見方が自分に見せようとすることをあなたが恐れているからだ。私がまえに述べたように、聖霊は間違いを見ることはできず、ただそれをこえて贖罪の防衛に目を向けることができるだけである。それは間違いなく不安を生じるかもしれない、しかし不安になることが知覚にともなう最終的な成り行きではない。聖霊は祭壇が汚されているのを見ることを許されたなら、すぐに贖罪のほうも見つめる。聖霊が知覚するものには、何一つ恐れを抱かせられるものはない。霊的に自覚した結果おこることはすべて、ただ訂正することに向けられるだけだ。不安な気持ちにさせられるのは、ただ訂正が必要だということを自覚させるためである。

結局、癒しにたいする恐れが生ずるのは、癒しが必要であるということを何も疑わずに受け入れる気持ちになれないからである。肉体の目でみるものは矯正できるものではないし、物質として見えるどんな手だても、間違いを正すことはできない。あなたが肉体の目で見えることを信じる限り、正そうとする試みは誤った方向に向けられるだろう。本当の洞察力は不明瞭になっているわけだが、それはあなたが自分自身の汚された祭壇を見ることに耐えられないからである。しかし、祭壇が汚されてしまったからには、それをはっきりと知覚しなければ、あなたの状態は二重に危険なものになってしまう。

癒しは分離したあとで発達した能力であって、それ以前には必要なものではなかった。空間と時間にたいする信念のもつすべての側面がそうであるように、それは一時的なものにすぎない。しかしながら、時間が持続するかぎり、癒しは保護するための手段として必要だ。それというのも癒しは同胞愛というものにもとづくからであり、その同胞愛とは、たとえ自分自身をそう知覚できないとしても、他の人を完全であると知覚する方法である。今あなたに持つことができる高尚な概念は、ほとんど時間に依存している。実のところ同胞愛は、今のあなたに思い付けるどのような形の同胞愛をもはるかに越えた、もっともっと力強い愛の包含性を、不十分とはいえ反映している。限られた意味で、同胞愛は心の正しい状態でいるためにはきわめて重要であり、それによって今その状態に達することができるのである。

同胞愛はほかの人を、その人が実際に時間のうちでなし遂げたと思っているよりもはるか遠くまで、すでに進み終えているがごとくに見なす方法ともいえる。その人自身の考え方には欠点があるので、自分で贖罪を見ることができずにいる、そうでなければ同胞愛など必要としないだろう。その人に授けられる同胞愛とは、その人には助けが必要だと承認すると同時に、そうした助けを受け入れるだろうと認めること。こうした知覚のしかたは両方とも、あきらかに時間に依存していることを意味し、同胞愛はまだこの世に限られているということは明白。私が前、述べたように、ただ啓示だけが時間を超越する。同胞愛を表している奇跡は、その時間を縮めることができるだけである。しかしながら、あなたが他の人に奇跡を申し出るたびに、両者の苦しみを短くしているのだと理解する必要がある。こうしたことはこれからのことはもちろん、過去にさかのぼって訂正することになる。

A　奇跡を行う者の特別の根本方針

（一）奇跡は下級の階級に関して必要なことを完全になくする。それは型にはまらない間の隔たりのことなので、時間と空間について普通、考慮することなど当てはまらない。あなたが奇跡をなすときには、私が時間と空間の両方を手配して適応させるつもりでいる。

（二）創造されたものと作られたものとをはっきり区別することは、きわめて重要である。癒しの形態はすべて、段階を知覚することによって根本的に訂正することに基づく。

（三）心の正しい状態と誤った状態をけっして混同しないように。どのようなかたちの間違いに応ずるにしても、癒したいという願い以外の気持ちで臨めば、こうしたことを混同していることが現れている。

（四）奇跡は常にこのような間違いを否認し、真理であることを肯定する。心が正しい状態にあるときにのみ、なにか本当の結果をともなう方法で正すことができる。実用的にみて、本当の結果を伴わないものは本当に存在してはいない。それでは、その結果は中身のない空しいものとなる。それには実質的な内容がないので、投影の対象になりがちである。

（五）奇跡のもつ段階を調節する力が、癒すために正しく知覚するよう仕向けてくれる。これが起こるまで、癒しを理解することはできない。許しが必然的に訂正を伴わなければ、それは空しい行為にすぎない。これを伴わないなら、それは本質的には癒すというよりも審《さば》くようなものである。

（六）奇跡を行おうとする気持ちで許すのは、ただ訂正することにすぎない。それには審きを下そうとする要素はまったくない。「父よ、かれらをお許しください、かれらは何をしているか分かっていないのですから」と言っているのは、決してその人たちが何をしているのか、それを評価しているのではない。その人たちの心を癒してくださるようにと神に訴えているのだ。その間違いがもたらした結果について言及してはいない。そんなことは重要ではないのである。

（七）「心をひとつにせよ」という訓令は、啓示にたいする心構えについて言明している。「私の記念としてこれを行うように」という私の頼みは、奇跡を行う者たちの協力を求めて訴えているのである。この二つは、同じ階級の実在において言っていることではない。二番目のだけが時間を自覚することに関わっている、何かを思い出すとは過去のことを今呼び起こすということなのだから。時間は私の指図に従うが、時間を超越した状態は神の権限に属する。時間のうちにいるあいだは、我々はお互いのために、そして共に存在する。時間を超越した状態においては、神と共存するのである。

（八）あなたは助けを要する事態において、もし次に述べるように考えるなら、自分自身を癒し、ほかの者たちをも癒すために、大いに役立つことができる。

私はただ本当に役立つ為に、ここにいる。
自分を遣わされた御方の代わりに、ここにいる。
何を言い、何をしようかと心配する必要はない、
私を遣わされた御方が指導してくださるはずだから。
何処であれ、あの御方が望まれるところで満足する、
一緒に行ってくださると分かっているのだから。
癒すことを教えてくださるのに任せれば、自分も癒される。

六　恐れと葛藤

恐れを抱くということは、心ならずもそうなってしまうように思える、まるで自分では抑制できないことであるかのように。けれども、私がすでに述べたように、ものごとの向上をはかるための行為のみ、無意識になされるべきである。もしあなたが選ぶなら、重要でないものは何でも私が抑制し、それと同時に重要なものはどれもみな私が指導して導ける。恐れを私が制御するということはできないが、自制はできる。私の抑制力をあなたに与えるのを妨げるのも恐れである。恐れているということは、からだについての思いを心の段階へと上げてしまったことを示す。こうすることでそうした思いを私の制御力から離して、自分に個人的な責任があるように感じさせる。これは明らかに段階を混同していることになる。

私が段階を混同するような思いを助長することはないが、あなたはそれを正すことを選ばなければならない。自分の気違いじみた振る舞いを、そうせずにはいられなかったなどといって弁解しないだろう。では、どうして気違いじみた考えを大目に見るべきだろうか。このように混同しているのをはっきりと見ることが賢明だといえる。あなたは、自分がすることには責任があるけれども、考えることには責任がないと信じているかも知れない。本当は考えることにこそ責任がある、選択権を行使できるのはただこの段階においてだけであるから。考えが行動にさきだつということである。自分の振る舞いに自主性を「与えた」からといって、自分を真理から分離できるものではない。あなたが自分の考えることを私が導けるようにすれば、すぐ自動的にこうしたことを私が抑制する。

恐れを抱いている時はいつも、あなたが自分の心に誤って創造させて、私にまかせて導かせてくれなかったという確かなしるしである。

誤った思考の成り行きを制御すれば、結果的に癒しを生じることができると信じるのはむだである。恐れを感じるときは、間違って選んでしまったということ。それで責任を感じるわけだ。変えなければならないのは自分の心であり、振る舞いかたではない、そしてこれこそ意欲の問題。あなたは心の段階をのぞいては導きなど必要としていない。訂正することがふさわしいのは、変わることができる段階だけだ。症状として表れる段階における変化には何の意味もない、そこでは役に立たないのである。

恐れを訂正するのはまさにあなたの責任。恐れから解放されたいと頼むということは、自分ではそう思っていないということを暗示している。それよりも、そうした恐怖感をもたらした事情について助けを求めるべきだといえる。こうした事情にはいつも、必然的に自分から分離しようとする気持ちが伴う。その段階でなら、あなたがなんとかできる。あなたは自分の心があれこれ迷うことにたいしてあまりにも寛容でありすぎるし、心が誤って創造したものをただ受け入れて大目に見ている。個々の結果はかまわないが、根本的な間違いにたいしては構わないとなど言ってはいられない。訂正することはいつも同じである。何かしようとして選ぶ前に、あなたの選択が私のと一致しているかどうか、私に聞いてもらいたい。もしそうだということが確かなら、恐れはないだろう。

恐れを感じるのは必ずといっていいほど、神経を張り詰めているというしるしであり、自分の望むことと、していることが矛盾するたびに生じる。こうした事態が生じる過程は二通りある――第一に、矛盾することを同時にするかあるいは引き続いてするかを選べる。これが矛盾した振る舞いをさせるようにし、そうすると何かほかのことをしたいと望む心の部分が憤慨するので、自分にとって耐えられなくなる。第二に、たとえそうしたいと本当に望んではいないとしても、自分がすべきだと思うように振る舞える。こうすれば首尾一貫して振る舞うことにはなるが、かなりの緊張感をともなうのも必然的。どちらの場合も、心と振る舞いとが一致していないので、結果的には自分が心底から望まないことをしているという事態になる。こうした事態は強制されたような感じを喚起することになり、それはいつも激しい怒りをうみだし、そのうえに投影することが続きやすい。恐れを感じる時はいつも、あなたがまだ決心していないからである。したがって、心は分裂しており、常軌を逸した振る舞いをするようになることを免れない。振る舞いかたの段階で訂正すると、間違いを第一から第二の型へと移行できるが、恐れそのものを忘れさせることはないだろう。

あなたが意識的に努力しなくても、あなたの心を私の指導にまかせるようにさせる状態に達することはできるが、これには今のところあなたが持っているとはいいかねる、自分から進んでやろうとする気持ちを要するという意味が含まれている。聖霊はあなたが自分で進んでしようとすること以上のものを求めるわけにはいかない。何かを行うための力というものは、それだけに集注しようとする決断力からくる。神の御意志は自分自身のものでもあると認めしだい、その御意志に従うのに負担を感じることはなくなる。ここに述べた教訓はとても簡単だが、特によく見落とされがちだ。したがって、もう一度言いたいので、しっかりと聞いてほしい。恐れをうみだすことができるのは自分の心だけである。心の望むことが矛盾するときには必ず恐れをうみだすのであり、望むこととすることが一致していないので、負担に感じるようになるのを免れない。こうしたことは統一された目標を受け入れることによってのみ正すことができる。

間違っていることを元通りにするための訂正の第一歩は、先ず心の葛藤はそこに恐れがあるということを現していると知ること。どういうわけか自分は愛さないということを選んでしまったに違いない、そうでなければ恐れなど生じるはずがない、と自分に言い聞かせることだ。そのあと、訂正するための全過程は、贖罪を療法として受け入れるというより大きな過程において、実際の歩みが続くだけだ。こうした歩みは次のように要約できる――

まず、恐れていると知ること。

恐れは愛が欠けているとき生じる。

愛が欠けているとき、そのただ一つの療法は完全な愛。

完全な愛こそ贖罪である。

私が強調しておいたように、奇跡あるいは贖罪の現れというものは、常に尊敬に値する者から尊敬に値する者への敬意のしるしである。この真価を再認することは贖罪によって再び立証される。では、あなたが恐れを抱いているときには、自分で自分を贖罪が必要な立場においてしまったことは明らかだ。愛を伴わないことをしでかしたのは、愛を持たずに選んだからだといえる。まさしくこのような事態のためにこそ贖罪が提供された。その療法を必要としたので贖罪が設けられたのである。ただ療法が必要だと認めるだけでは、恐れを抱き続けるだろう。しかしながら、その療法を受け入れしだい、それまでの恐れを全く感じなくなっている。こうして真の癒しが起こるのである。

だれでも皆恐れを経験する。けれども、なぜ恐れが起こるのかを悟るには、ほんのすこし正しい考え方をするだけでいい。心がもっている本当の力の価値を認める者はほとんどいないし、そうした力をいつも十分に自覚しつづける者は一人もいない。しかしながら、もしあなたが恐れから免れたいと希望するなら、悟るべきことがいくらかあるし、それも十二分に悟らなければならない。心というものはきわめて強力であり、決してその創造力を失うことはない。決して眠りにつくこともない。刻一刻と創造しつづける。思考と信念とが合併して、文字どおり山をも動かすことができる力にまで高まるとは認め難いことである。一見して、自分自身にそのような力があると信じるのは傲慢なように見えるが、これがそれを信じない本当の理由ではない。あなたは、実際それほどの思考力に恐れを抱いているので、自分の思考力は本当の影響力など発揮できないと信じたがるのである。こう信じれば、罪責感は軽くなって気づかないほどになるかもしれないが、それは心を無力だと認めるという犠牲をはらっている。もし、自分が考えることには効力がないと信じたら、恐れを抱くのをやめるかもしれないが、そんな考えを尊重することはほとんどなさそうだ。無為な思考など全くない。考えることはすべて、なんらかのかたちで出てくるのである。

七　原因と結果

あなたは恐れについてまだ不平を言っているが、それでもしつこく自分を怖がらせている。すでに指摘しておいたが、自分を恐れから解放してほしいと、私に求めることはできない。私には恐れなど存在しないと分かっているが、あなたはそれが分かっていない。もし私があなたの思考とその結果として起こることの間に介入したら、原因と結果という基本的法則を勝手に変更することになるし、この法則はもっとも根本的なものだともいっておく。もし私があなた自身の考える力を見くびったら、実際にはあなたを助けてはいないことになる。この奇跡の道の教えが目指すことに、真っ向から反対することにもなってしまう。あなたが自分の思考を十分に注意して警戒していない、と気づかせてあげるほうが、もっと役立つ。この時点では、これができるようにするのに奇跡を要すると感じるかも知れないが、確かにそれは本当である。あなたは奇跡を行う気持ちで考えることに慣れていないが、そういう風に考えるように訓練を受けることはできる。奇跡を行う者はみんな、そうした訓練を必要とする。

あなたの心を警戒せずにそのままにさせておくわけにはいかない、そうしないと私を手助けできなくなってしまう。奇跡を行うにつけ、誤って創造するのを避けるためには、思考力が何をなし得るかを十分に悟る必要がある。さもないと、心そのものを正すのに奇跡が必要となり、それでは奇跡で時間を縮めようとしているというのに、そうすることを阻んで堂々廻りのような過程となる。奇跡を行う者は、奇跡が起こるのに必要な条件である真の原因と結果のつながりを心して、そのことを重視しなければならない。

奇跡と恐れは両方とも思考からくる。もしあなたが、そのなかの一つを自由に選べなければ、もう一つを自由に選べもしないだろう。奇跡を選べば恐れを拒絶したことになる、たとえそれが一時的なことにすぎないとしても。あなたはみんなを怖がり、その上ありとあらゆるものを怖がりつづけてきた。神に恐れを抱き、私や自分自身にも恐れを抱いている。われわれを誤って知覚したり誤って創造したうえで、自分の作ったものを信じている。もし自分自身の思考を怖がっていなければ、こんなことをしたりしなかっただろう。恐れている者は、創造を誤って知覚しているので、どうしても誤って創造してしまう。誤って創造すれば自分が苦しい思いをする。原因と結果の原理というものがここで本当にあらわれている、ただし一時的なことではあるが。実際のところ、「御原因」とは神のことを適切にいいあらわす用語であり、神の「御結果」とは神の子のことである。これには御原因と御結果という一組の関係を必然的にともなうのであり、それはあなたが誤った創造に取り入れるのとはまったく違うものとなる。では、この世において根本的に矛盾しているのは、創造と誤った創造とのあいだのこと。恐れというものはみな誤った創造に内在し、愛はすべて創造のうちに内在する。したがってそうした矛盾は、愛と恐れとのあいだにあるものといえる。

すでに述べたように、あなたが恐れを抑制することなどできないと信じるのは自分で恐れを作ったからだが、その上そう信じること自体が恐れを抑えきれなくなるように思わせるのである。しかも恐れに打ち勝とうと試みることで、なんとか間違いを解消しようとしても、それは役に立たない。実際に、恐れに打ち勝つ必要があると決めてかかること自体が、恐れのもつ力を明らかに示している。真の解決法は、すべて愛によって打ち勝つことにもとづく。しかしながら、その間に葛藤を感じることは免れないだろう、あなたは自分を存在しないものの力を信じる立場においてしまったのだから。

実存しないものとあらゆるものとが共存することはあり得ない。一方を信じると、ほかのを否定することになる。恐れは全く実存しないものであり、愛があらゆるものである。光が暗闇に入ると、その時点で暗闇ではなくなる。あなたが信ずるものはあなたにとっては真実。この意味で、分離は起こったことであり、それを否定するのは単に適切とはいえないやり方で否認しているにすぎない。しかしながら、間違いに心を集中するのは、さらに間違いを重ねることになるだけだ。訂正する順序の第一歩は、問題があるということを一時的に認めることだが、それはただ即座に正す必要があると指摘するためである。これをすることが心を、手間取ることなく贖罪を受け入れられる状態にする。しかしながら、究極的にあらゆるものと実存しないものとのあいだでは、いかなる妥協も不可能だということを強調しておく。時間は本質的に手だてであり、それによってここで述べた観点からすべて妥協することを断念できる。それが完全になくなるまでの過程が、少しずつしか進まないように思えるのは、時間そのものが存在しない間隔などを含むからである。誤った創造が訂正するための手だてとしてこれを必要にさせた。「神は御ひとり子をお与えになるほど、この世を愛された、それは神を信じる人々がみな亡《ほろ》びることなく、永遠の命をうけるためである」という言い方は、この文脈のなかで意義をもたせるには、一つだけわずかな訂正を必要とする、「神はこの世を自分の御ひとり子にお与えになった」、と。

神にはただひとりの御子があるということを、特に心に留めるべきである。もし、神が創造なさったものはすべて神の御子であるなら、一人ひとりが御子としての身分全体にとって絶対に必要な部分であるにちがいない。御子としての身分が一つとなったすがたは、数ある部分を合わせた和を超越したもの。しかしながら、数ある部分のどれかが欠けている限りこのことが不明瞭となる。だから御子としての身分に属する部分がみな元に戻るまで、究極的には葛藤が解消されることはない。ただみんなが戻ったあとでこそ、本当に完全であるすがたというものの意味を理解できる。御子としての身分にぞくしながら、もしそれを選ぶなら、だれでも間違いを信じたり不完全なものを信じたりできる。しかしながら、もしそんなことをすれば、実存しない状態が存在すると信じることになる。こうした間違いを訂正するのが贖罪である。

私はすでに、用意ができているとはどういうことか、簡単に言ったことがあるけれども、それにいくつかの要点を付け加えれば役に立つかもしれない。用意ができていることは、なにかを成し遂げる為に、あらかじめ必要なことにすぎない。この二つを混同してはならない。用意ができしだい、しようとすることを成し遂げたいと望む気持ちをある程度もつのが普通だが、それは必ずしもそれだけをしたいという意味ではない。そうした状態は心を変えられる可能性があるという意味を含んでいるにすぎないのである。何をするにせよ、それを習熟し自分のものだといえるまでは、十分に自信を持てるものではない。すでに、恐れに打ち勝つなどという根本的なまちがいを正す試みはしたし、本当に打ち勝つ方法とはただ一つ、愛によってであるということを強調しておいた。用意ができたとは自信をえるための最初の段階にすぎない。こういうと、用意ができたときから打ち勝つまでには、途方もなく長い時間が必要だとほのめかしているように思うかも知れない、しかしここで時間と空間を支配するのは私だということ思い出してほしい。

八　最後の審判の意義

あなたが魔術と奇跡を混同しているのを正せる方法の一つは、自分で自分を創造したのではないということを思い出すことである。自己本位になるとこれを忘れがちになり、事実上、魔術を信じるのは避けがたい立場に自分をおいてしまう。あなたに創造する意志を与えられたのは御創造主であり、御自ら創造なさったときそれと同じ御意志で表現しようとなさった。創造的能力は心のなかにあるのだから、あなたが創造するあらゆるものは当然、意志の問題となる。また、自分ひとりで作るものは何であれ、自分から見れば本当だということに続きかねないが、神の御心のうちではそうではない。こうして基本的に区別することが、直接、最後の審判の本当の意義につながるのである。

あなたの考えによると、最後の審判こそがもっとも脅威を抱かせるような想念の一つだとしている。こう考えるのは最後の審判というものを理解していないからである。審くということは神のなさることではない。それはただ分離のあと持ちこまれたのであり、全体的な計画のなかに組み込まれた数ある学習のための手だての一つとなったのである。ちょうど分離が何百万年にもわたって起こったように、最後の審判は同じくらい長くかかるだろう、もしかするともっと長びくかもしれない。しかしながら、その長さを奇跡が大幅に縮めることはできる、奇跡は時間を完全になくすための手だてではないが、それを縮めるための手だてなのだから。もし、じゅうぶんな人数が本当に奇跡を行う気持ちになれば、この短縮過程は事実上はかり知れないほどになる。しかし、もっとも重要なのはあなた自身が恐れからすみやかに自由になること、もしほかの人の心に平安をもたらそうとするなら、まず自分が葛藤から脱しなければならないのだから。

最後の審判は神がくだされる処置だと一般に思われている。実際には、私のきょうだいたちが私の力添えを得て取りかかることである。それは刑罰を割り当てることではなくて、むしろ最終的な癒しとなるのであり、これはいかにあなたが罰のほうが当然の報いだと思ったとしても変わらない。罰することとは心が正しい状態にあるのと全く反対の概念であり、最後の審判が目指すのはあなたに正しい心の状態を回復させることである。最後の審判とは正しく評価する過程だといってもよい。それは単に、だれもがみな最終的には、何に価値があり何に価値がないかを理解するようになるという意味にすぎない。そのあとで、選ぶ能力を理性的に導くことができる。しかしながら、こうした区別がつくまでは、自由意志と閉じ込められた意志のあいだで迷い続けざるを得ないだろう。

自由になるための第一歩は必然的に、間違ったものを真実であるものから選り分けること。これは建設的な意味での分離する過程だといえ、ヨハネの黙示録がもつ本当の意味を反映している。究極的には、だれもがみな自分自身の創造したものをながめたうえで、よいものだけを保存するために選ぶようになるが、それはちょうど神が自から創造なさったものをながめられて、よいものだと御存じだったのと同じである。この時点で、心は自らが創造したものの真価に気づき、はじめて愛をこめて見ることができるようになる。それと同時に、心が誤って創造したものとのつながりを認めなくなるのは必然的であり、その信じられていないものはもう存在しなくなる。

「最後の審判」という用語が恐怖を感じさせるのは、それを神のうえに投影してしまったからだけではなく、「最後」というのを死と結びつけて考えるためでもある。これは逆さまに知覚した著しい例だといえる。もし最後の審判がもつ意義を客観的に調べれば、それは実際には、命へとつづく道への戸口であるということはしごく明白である。恐れを抱きながら暮らすものはだれ一人、本当に生きているとはいえない。あなたの最後の審判をあなた自身に対して向けることなどできない、あなたが自分を創造したのではないのだから。しかしながら、自分で作ったあらゆるものにたいしては、それを有意義にいつでも適用できるし、そのうえで創造的で良いものだけを自分の記憶にとどめることができる。あなたの心が正しい状態にあれば、それがこうするようにと指図しないではおかない。時間の目的とは、単にこのように審くことを成し遂げられるように「あなたに時間を与える」ことである。あなたが完全に創造したものを、自分で完全に審くということ。記憶のなかにあることすべてが愛に満ちているなら、恐れを抱きつづける理由はなくなってしまう。こうなることこそ贖罪におけるあなたの役割である。

第三章　潔白な知覚

一　犠牲を伴わない贖罪

まずある点をもう一歩すすんで完全にはっきりさせなければ、いまだに奇跡と結び付けて考えられている恐れのなごりはどれも消滅しないだろう。キリストがはりつけになったことが贖罪を確立したのではなくて、復活したことで贖罪を確立したのである。これについて誠実なキリスト信者の多くが誤解してしまった。何かが欠けていると信じていない者は、だれ一人こんな思い違いをするはずはない。もしはりつけをさかさまの観点から見たなら、確かにあたかも神は御子たちの一人が善良であったがゆえに苦しむのを許し、奨励なさったようにさえ見える。このような実に残念だとしか言いようのない解釈は投影から生じたわけだが、これが多くの者を神にたいしてひどく恐れを抱くに至らせてしまったのである。このような反宗教的な概念が多くの宗教に入り込んでしまう。けれども、本当のキリスト信者はここで立ち止まって、「これはどうしてなのだろうか」と聞くべきである。神が御自らのことばで御子にはふさわしくない考え方だとはっきり言明されたような考え方を、御自身でなさるということがあり得るだろうか。

いつものことながら、最善の防衛法はほかの人のありかたを攻撃する事ではなくて、むしろ真理を保護することである。どんな概念であれ、もしその概念を正当化するためにそれを評価する基準をぜんぶ逆にする必要があれば、そんな概念を受け入れるのは賢明とはいえない。このような手順にしたがうのは、あまり重要でないことに当てはめるにしても苦しい思いをし、規模が大きいばあいには本当に悲惨なことになりかねない。迫害がたびたび起こるのは、神御自ら救いのためという名目で御自分の御子を迫害された、というひどく間違った知覚のしかたを「正当化」しようとする試みの結果である。このように言うこと自体に意味がない。これを乗り越えるのは特に困難だと思われているのには訳がある、そんな間違い自体がほかのことを正すよりもっと難しいというのではないけれど、多くの者はそれには防衛法としてすぐれた価値があると見込んで、この間違いを放棄する気にならないのである。ちょっとしたことで、親が子に「自分がたたかれて痛い思いをするより、こうして痛い思いをさせる方がもっとつらい」などと言うことがあるが、それで子どもをせっかんするやり方をよしとすると考えるようなものだ。われわれの御父が本当にこんなふうにお考えになると信じられるだろうか。こうした考え方をみなぬぐい去ることがきわめて重要であるから、心にこんな考えが何一つ残らないように確かめなければならない。あなたが悪かったから私が「刑罰を受けた」のではない。贖罪が教える教訓にはまったく悪いところはないが、もしこのような歪みでいくらかでも害されたとしたら、その教訓は失われたことになってしまう。

「主はいわれる。仇は私がとる」としるされているのは、だれかが誤って知覚したことなのだが、そうしておいて自分自身の「邪悪」な過去を、神のせいにしようとしている。「邪悪」な過去は神とはまったく関係がないのである。それは神が創造なさったものではないし、持続なさることもない。神は天罰というものを信じてはいらっしゃらない。神の御心はそのような方法では創造なさらないのである。神はあなたの「邪悪」な行いを持ち出して非難するようなことはなさらない。ではその神が、私を非難されるということはありそうだろうか。このように仮定するのはいかに不可能にちかいことか、またいかにすべて投影によって生ずるものであるか、それを本当にはっきりと気づいてほしい。このような間違いが数多くの関連した間違いの原因となったのであり、神がアダムを拒絶なさりエデンの園から無理やり追い出された、と信じられているのもその一つ。これが、私が誤ってあなたを指導していると、あなたがときどき信じたりするわけでもある。私はあらゆる努力をして、意味を歪めるのはほとんど不可能な言葉を使うように心がけてはいるが、もしあなたがそうしようとすれば、いつでもそれが象徴することをねじ曲げるのは可能だといえる。

犠牲にするという考えは、神が思いつかれることなど全くありえないことだ。それは単に恐れから生じることだし、恐怖におびえる者たちは見境がつかなくなることがある。犠牲的行為はどれも私があたえた訓令に反する行為であって、天国におられる御父が慈悲深くあられるように、あなたも慈悲深くあるべきだといっておいたのを無視していることになる。多くのキリスト信者にとって、ここで言われているのは自分のことだと悟るのは難しいようだ。有能な教師はけっして生徒をおびえさせるようなことはしない。怖がらせるのは攻撃することであり、結果的には教師が教えようとすることを拒絶させてしまう。その結果、学習することは失敗におわる。

私が「世の罪をとりのぞく神の子羊」と呼ばれつづけてきたのは間違ってはいないが、その子羊は血に染まっていると表現する者たちは、これが象徴する意義を理解しているとはいえない。正しく理解されさえすれば、それは私が潔白であるというきわめて平易な象徴である。ライオンと子羊とがいっしょに横たわっている姿が象徴するのは、力強いものと潔白であるものは争いのなかにいるのではなく、平安のうちに自然に生きているということ。「心の清い人はしあわせである、かれらは神を見るであろうから」というのは、同じことを違った言い方でいったものである。純粋な心は真理を知っており、そのことがそうした心の力となる。潔白さを力強さとむすびつけて考え、弱さとむすびつけることはないので、破壊することと潔白であることとを混同することはない。

潔白であるものは何をも犠牲にすることはできない、なぜならそうした潔白な心はあらゆるものを持っているのであり、その完全なすがたを保護しようと励むだけなのだから。それは投影することなどできない。ただほかの心を尊ぶことができるだけだ、それというのも敬意をあらわすとは、本当に愛されている者たちが、自分に似ている者とかわす自然な挨拶のしかただからである。この子羊が「世の罪をとりのぞく」というのは、潔白でありまた恩寵のもとにいる状態こそ、贖罪の意義が完全にはっきりしている状態だという意味である。贖罪にはあいまいなところは全然ない。それは光のうちに存在するので完全に明白だ。ただ暗闇のなかに覆い隠そうとする試みだけが、見ることを選ばない者たちにとって近寄り難いものにしてしまったのである。

贖罪そのものが照らし出すのは、真理いがいの何ものでもない。したがって贖罪は悪意がないということの典型であり、ただ祝福を注ぐだけである。もしそれが完全に潔白であるもの以外の何かから生じたとすれば、このようなことをするはずがない。潔白であるものは邪悪を自覚していないので知恵そのものであり、邪悪なものは存在しないのである。しかしそれは真実であるものを何もかも完全に自覚している。復活は､何ものも真理を破壊することはできないということを実証した。善であるものは、たとえ邪悪がどのようなすがたで現れようがそれに堪えられる、光が闇のかもしだす形態など完全になくすのであるから。したがって贖罪こそ完全な教訓となる。この贖罪こそが、私の教えたほかの教訓はすべて本当だという決定的実証といえる。もしあなたが今ここでこの一般的な結論を受け入れることができれば、数ある小さな教訓から学ぶ必要はなくなる。もしこれを信じることができれば、あなたはすべての間違いから解放された身となるのである。

神のごとく潔白であるのが、御子の本当の心の状態である。この状態においてこそあなたの心は神を知っている、神は象徴的な存在ではなくて、御事実であられるのだから。御子をあるがままに知ることによって、あなたは犠牲的行為ではなくて贖罪こそ神の祭壇にふさわしい唯一の贈り物であり、そこには完全であるもの以外は何ものも属さないと悟る。潔白である者が理解していることこそ真理そのもの。だから潔白である者の祭壇は本当に輝かしいのである。

二　奇跡とは本当に知覚すること

私はすでに、この奇跡の道で言及する基本的な概念は度合いの問題ではないと、はっきり言っておいた。ある根本的概念を、相反するものがあるとして見たのでは理解することはできない。光と闇、又はあらゆるものと実存しないものとが両立できるとして、心に描こうとしても不可能である。それは全部が真実であるか、それとも全部が間違っているか、そのどちらかになる。いずれかに誠心誠意したがおうと堅く心をきめるまでは、気まぐれなものの考え方しかしていないと悟ることが絶対必要である。だが、暗闇または実存しない状態に対して、それほどの決心でしたがうのは不可能なことだ。いまだかつて、だれ一人、光をほんの少しも経験したことがないし、何かをほんの少しも経験したことのない者がいたためしはない。したがってだれも真理を全面的に否定することはできない、たとえそれができると思ったとしても。

潔白であるとは部分的にいえることではない。全面的にそうなるまで本当とはいえない。部分的な潔白さしか持っていない者たちは、かなり愚かなことをすることがある。その人たちの潔白さを普遍的に当てはめて見るようになるまでは、それが知恵とはなっていない。潔白な、あるいは真の知覚とは決して誤って知覚することなく、いつも正しく見ることを意味する。もっと簡単にいえば、決して存在しないものを見ないで、いつも存在するものを見るという意味である。

もしあなたがだれかのしようとすることを信頼できないと思うとすれば、それはあなたが、その人は正しい心を持ち合わせてはいない、と信じているという証拠。これは奇跡を土台として判断するやり方にはほどとおい。そのうえ奇跡のもつ力を否定するには破滅的な効力がある。奇跡はあらゆるものをあるがままに知覚する。もし真理いがいには何も存在しないのであれば、心の正しい状態で見たなら完全であるものしか見ることはできない。私が述べておいたように、ただ神が創造なさるもの又はあなたが同じような御意志で創造するものだけが本当に存在する。では潔白な者が見ることができるのはこれだけだということ。その人たちは歪んだ知覚によって苦しむことなどないのである。

あなたが神の御意志にたいして恐れを抱いているのは、神が御自分のに似せて創造なさった自分の心を、誤って創造することに使ってしまったからである。心が自由ではないと信じこんでしまったときにのみ、それは誤って創造することがある。閉じ込められた心は、それ自体とらわれているか引き止められているので自由ではない。したがってそれは制限されているし、意志そのものはみずから存在を明らかに示そうとしても自由にはできないのである。ひとつになるとはひとつの心またはひとつの意志となること。御子としての身分にぞくする者と御父との御意志がひとつになって、双方が完全に一致したすがたこそ天国である。

御父の御手に自分の霊をゆだねる神の子に勝るものは何もない。こうすることによって心はその眠りから目覚め、御創造主を思い出すのである。分離しているとの思いはすべて消滅する。神の子は聖三位一体の一部であるが、聖三位一体そのものはひとつである。聖三位一体、それ自体の段階においてはなんの混乱もない、それにぞくする方々はひとつの御心、ひとつの御意志であられるのだから。この唯一の目的が完全に統合されたすがたを創造し、また神の平安を確立するのである。けれどもこうした洞察力によってみえることは、ただ本当に潔白な者だけが知覚できる。潔白な者たちの胸の中は純粋だからこそ、その人たちは真に知覚することに反して自らを守ろうとするのではなく、そのように知覚することを守ろうとするのである。その人たちは贖罪の教訓を理解しているので攻撃したいと望むことなどないし、したがって正しく見るようになる。これこそ次に引用する文で聖書が言わんとすることの意味である、「そのお方があらわれるとき（あるいは知覚されたとき）、私たちはそのお方をあるがままに見るだろうから、私たちはそのお方に似たものとなることだろう（訳注・日本語の聖書には神に似たものと訳されているが英文の聖書ではそのお方「キリスト」に似たものと解釈されている）」。

歪みを正す方法は、そんな歪んだものを信じるのをやめて、そのかわりに真実であるものだけを信じるようにすることである。真実ではないものを真実だとすることは出来ない。もしあなたが知覚するあらゆるもののうちの、真実であるものを快く受け入れるつもりなら、それを自分にとっては真実とすることになる。真実であるものはすべての間違いに打ち勝つ、しかし間違いと空しさのうちに生きる者たちは、決して永続的な慰めを見いだすことはできない。もしあなたが本当に知覚すれば、自分自身とほかの者たちにたいして誤って知覚していることを同時にとりけすことになる。あなたはほかの者たちを本来のすがたのままに見るからこそ、これを真実として受け入れると申し出るのであり、そこでその人たちも自分自身の真実を受け入れることができる。これこそ奇跡がもたらす癒しというものである。

三　知覚対知識

今まで知覚について強調してきたが、まだ知識について述べたことはほとんどない。そのわけは、何かをわかるようになるには、まず知覚についての考えや疑念を正さなければならないからである。わかっているとは確信があるということ。半信半疑であるなら、わかっていないという意味になる。知識は力であるというのはそれが確かだからであり、確実なものは強い。知覚することは一時的なことだ。空間と時間を信じることにともなうものとして、その知覚することは恐れか愛のどちらかになる。誤った知覚は恐れを生じ真の知覚は愛をはぐくむが、知覚はみな変化するので、そのどちらも確実性をともなうものではない。だからそれは知識ではないのだ。真の知覚は知識への基礎となることではあるが、わかるということは真実を肯定することであり、知覚をすべて越えたものである。

あなたの困難はどれもみな、あなたには自分自身もきょうだいも神も見分けが付かないという事実に由来する。見分けがつくとは「もう一度みてわかる」ということであり、前にそれを知っていたという意味を含んでいる。知覚することは必然的に解釈を要するので、あなたには色々な見方ができる、そうすると知覚とは完全なものでもなければ、首尾一貫したものでもないという意味になる。奇跡は一つの知覚の仕方であって知識ではない。ある疑問にたいする正しい答えではあるが、それがわかっていれば質問などしないだろう。いろいろな錯覚に先ず疑問をもちはじめることが、そんな錯覚をもとどおりにするための第一歩。奇跡または正しい答えがその訂正をおこなう。知覚は変わるものだから、それが時間に依存しているのは明らかである。機会あるごとにあなたがどのように知覚するかによって、何をするかが決まるし、行動は必ず時間のうちで起こる。知識は時間を超越している、確実であるものには疑問に思えることなどありえないのだから。あなたが質問するのをやめたとき、分かるようになる。

疑問を抱いている心というものは、それ自体時間のうちにあると知覚するのであり、したがって未来に答えがあるとして、それを待ち望む。閉ざされた心というものは未来も現在と同じようになると信じている。こうすれば表面的には安定した状態を確立できるし、そうしたことは、未来は現在よりもなお悪くなるだろうと心の底で恐れていることを和らげようとしてよく試みられることだ。こうした恐れが質問しようとする気持ちをみな抑えてしまうのである。

真の洞察力でみるものは霊的な見方で自然に知覚するものではあるが、それは事実であるよりもむしろまだ訂正されたことにすぎない。霊的な見方は象徴的なもの、したがって知るための手だてではない。しかしながらこの霊的な見方は正しく知覚するための手段であって、奇跡に適した領域にはいる。「洞察力でみる神」は啓示というよりもむしろ奇跡になる。そもそも知覚を必要とするという事実が、そうした経験は知識の領分にはぞくさないものとする。それで洞察力によるものはかならず神にぞくする。いかに神聖であろうと、長続きしないのである。

聖書には自分自身を知るように、すなわち確信を持つようにと書かれている。確実であるものはかならず神にぞくする。あなたがだれかを愛するとき、その人をあるがままに知覚したのであり、これでその人を知ることができるようになる。すなわち、まずその人を本来のすがたそのままに知覚するまで、その人を知ることはできないのである。その人について質問しつづけているうちは、あなたは神を知らないということをはっきりと示している。確実であるものは行動することを要求しない。あなたが自分は知識に基づいて行動していると言うときは、実のところあなたは知識と知覚とを混同している。知識が供給する力は創造的に考えるためのものであって、正しく行うためではない。知覚と奇跡と行いとにには深い関連がある。知識は啓示の結果であり、ただ思いを誘発する。知覚することはその最も霊化された形でさえ、からだを必要とする。知識は内なる祭壇ともいうべきところからくるのだし、それは確実なので時間を超越している。真理を知覚するのと、その真理を知ることとは同じではないのである。

神が御自身の祭壇ともいうべきものと、じかに意思の疎通をなさることが可能となるには正しい知覚が必要だし、そうした祭壇は神が御子たちのうちに確立なさったものである。そこでこそ神は御自身の確実性をお伝えになれるし、神の知識が平安をもたらすのは確か。神は御子たちにとって見知らぬお方ではないし、御子たちは互いに見も知らぬ仲ではない。知識は知覚と時間のどちらよりも先にあったのだし、究極的にはその二つに取って代わるだろう。これが「アルファとオメガ、初めと終わりである」と「アブラハムが存在する以前に、私は存在している」と、聖書でいう本当の意味である。知覚することは安定させることができるし、安定させなければならないことだが、知識はすでに安定している。「神を恐れ神の戒律に従うように」と言われているのは「神を知り、神の確実性を受け入れるように」となる。

もしあなたがほかの人の間違いを攻撃したりすれば、自分自身を傷つけることになってしまう。自分のきょうだいを攻撃しているときには、その人を知ることなどできない。攻撃はいつも見知らぬ人にたいして加える。誤って知覚しておいてその人を見知らぬ人とするから、知ることもできないのである。自分で見知らぬ人としてしまったからこそ、その人にたいして恐れを抱いてしまう。正しく知覚しさえすればその人を知ることができる。神が創造なさったもののなかには見知らぬ者などいないのである。神が創造なさったように、あなたも創造すれば、出来上がるのはただあなたの知っているものだけであり、したがってそれを自分のものとして受け入れもする。神は御自分の子どもたちを、完全な確信をもって知っておられる。神はよく知ったうえで創造なさった。だから御自分の子どもたちを完全に見分けられる。子どもたちがお互いに見分けられないときは、神を見分けることもないのである。

四　間違いと自我

あなたがいま持っている能力は、ただ本当にもっている力が映し出す影のようなものにすぎない。今のところあなたの役目はみな分割されており、疑問に思ったり疑いをいだいたりするのを免れない。そのような役目をいかに使えばよいのか確かでないからこうなるのであり、したがってまだ知識にも達せないわけだ。知識に達せない理由をもう一つあげると、それはあなたが愛のないまま知覚しようとすれば、まだそれもできるからである。知覚することがはじまったのは、分離することで程度とか側面とか間隔とかを導入して以来のこと。霊には段階などないし、争いというものはみな段階があるとする概念から生ずる。ただ三位一体にぞくする御段階だけは、調和した状態にとどまることができる。分離することで創造されたという段階などは、矛盾せざるを得ない。こうなってしまうのは、そんな段階などお互いにとって意味がないからである。

意識するということは知覚の段階にぞくするのだが、それは分離以後、最初に心が採り入れた分裂ともいえ、それが心を創造するよりむしろ知覚するものにしてしまった。意識することは自我の領域にぞくすると見なすのが正しい。その自我とは心の正しくない状態で、自分自身をあるがままにではなく、むしろ自分勝手にそうありたいと願うままに知覚する試みといえる。けれどもあなたはただありのままの自分自身を知ることができる、確かなのはそれだけであるから。ほかのものにはすべて疑問がある。

自我とは、分離後の自己の知りたがり屋の一面をさすのであり、それは創造されたのではなく作られたものである。それには質問することはできるが、意義のある答えを知覚することなどできない、というのもそうした答えは知識を必要とするのであって、知覚できないからだ。したがって心は混同している、ただ唯一の心でいようとするものだけが混同せずにいられるのだから。分離した心すなわち分割された心は混同しているに相違ない。そうした心には何が何だかはっきりしないのは必然的。そんな心のなかに葛藤があるのは当然、その心自体、一致していないのであるから。こんな状態がそれにぞくする部分同士を、見も知らぬ間柄にしてしまうし、これこそ恐れをともないがちな状況をもたらす根源であり、この状況では攻撃する可能性があって当然となる。あなたが自分自身を見てみて、恐怖を感じるのも無理はない。これこそあなたが、自分で自分を創造しなかったし創造などできるはずがないと悟るまでは、恐れからは逃げられないわけである。自分で誤って知覚したことを真実にできないのはたしかだし、あなたの創造は自分自身の間違いなど越えたものである。だからこそあなたは結局、分離を癒すことを選ばずにはいられないのだ。

心が正しい状態であることを、分かっている心と混同しないように、そうした状態は正しく知覚することに適用できるだけなのだから。あなたの心は正しいか正しくないか、そのどちらかだし、それにさえ度合いがあると仮定しており、知識は含まれていないことをはっきりと実証している。「心が正しい状態にある」という用語は、「心が正しくない状態にある」というのを訂正して正しく使われており、正確に知覚する気にさせる心の状態に当てはまる。それは誤って知覚していることを癒すので、奇跡を行う気があるということ、そしてこれはあなたが自分のことをどのように知覚しているか、それを考慮すれば実に奇跡だといえる。

知覚することは、心をいくらか誤って使ってしまうことを避け難い、なぜならそれは心を確信のない領域に引き込むからである。そうした心はじっとしていられなくなってしまう。それが分離することを選ぶと知覚することを選んだことになる。それまではただ分かろうとしているだけだ。その後は、あいまいな選びかたしかできなくなってしまい、そんなあやふやな状態からぬけだす唯一の策は明確に知覚することである。心はただ分かろうとするときにのみ、それにあたえられている適切な役目に立ち戻る。こうなるとそれは霊に仕える立場におかれるのであり、そこでこそ知覚のしかたが変わる。心が独自の段階を作ることを選ぶなら、自ら分割することを選んでしまう。しかし心そのものは霊から完全に分離できるはずがない、なぜなら心は作ったり創造したりするために必要な力をすべて霊から引き出すからである。誤って創造しているときでさえ、その心は自らの御源を肯定しているといえる、そうしなければ単に存在することを止めるしかない。これは不可能なことだ、心は神が創造なさったがゆえに永遠なるものである霊に属するのであるから。

知覚する能力がからだの存在を可能とした、なぜならあるものを知覚するには、何かを用いて知覚しなければならないからである。だから知覚するには交換したり変えたりする必要があるが、知識にはその必要はない。知覚の解釈する機能、それは歪んだ形で創造することだ、したがってそれは、自ら引き起こしてしまった葛藤から逃れようと試みて、あなたがからだを自分自身だと解釈するのは差しつかえないとする。霊はすでにわかっているわけで、その霊がこのように力を失うことに甘んじるはずがない、それは闇のものとはなり得ないのであるから。こうして霊は心にとってほとんど近付きがたいものとなり、またからだにとっては全く近付けないものになってしまう。そのあと霊は脅威として知覚されるようになるが、それは光が単に暗闇などないということを示して、そんな暗闇を完全になくしてしまうからである。真理はこうして必ず間違いを乗り越える。これは積極的な訂正の過程ではあり得ない、私がすでに強調しておいたように、知識は何もしないのであるから。それは攻撃するものとして知覚されることはありえるが、攻撃はできない。攻撃されているとあなたが知覚するのは、あなた自身、知識は決して破壊されていないので、それをいつでも思いだせると、かすかに気づいているということである。

神と神が創造なさったものは確実な状態で存続しており、したがって誤って創造されたものは何も存在しないとわかっている。真理はあなたの望む間違いなどにかかわることはできない。私は、霊と霊のものである知識を思い出した一人である。ひとりの人間として、私は間違っていることに知識で逆らおうとはせずに、そんな間違いをその根底から正そうと試みた。からだの無力さや心の力など、その両方とも実証した。自分の意志を御創造主のと一つにすることによって、霊と霊の持つ本当の目的を自然に思い出した。私があなたの意志と神の意志とをあなたのために結び付けることはできないが、もし私の導きにしたがう意志があるなら、あなたが誤って知覚したことを全部あなたの心からぬぐい去ることはできる。ただ誤って知覚したことがあなたの邪魔をしているにすぎないのだ。邪魔するものがなくなれば、あなたが何を選ぶかは確かなこと。正気で知覚することが正気で選ぶようにさせるのである。私があなたにかわって選ぶことはできないが、あなたが自分で正しい選択をするように手助けすることはできる。「招かれる人は多いが、選ばれる人は少ない」と言われているのは「みんな招かれている、だが耳を傾けようとする者はほとんどいない」とすべきである。したがって人々は正しい選択をしていない。「選ばれた者たち」とは、単に早めに正しく選ぶ者たちのことをいうにすぎない。正しい心であれば今こうすることができるし、それでこそその人たちの魂は安らぎを見いだすであろう。神は平安に満たされているあなただけをご存じだ、そしてこれこそあなたの真実のすがたである。

五　知覚を越えて

私がまえ述べたように、あなたがいま持っている能力はあなたの本当の力が映し出す影のようなものにすぎないし、知覚するとは本来ものごとを審くような見方をすることであり、それはただ分離したあとで導入されたにすぎない。それ以来、だれ一人なにごとにも確信をもてないままになっている。私は復活とは知識へと復帰するための手段であるということもはっきりとさせておいたし、それは私と御父の意志とが一つに結ばれて、たしかに成し遂げられた。さてここで、これから述べる内容が幾らかわかりやすくなるように、一つ区別することができる。

分離いらい、「創造する」と「作る」という言葉は混同されてしまっている。あなたが何かを作るとすれば、それはあるものが欠けているとか必要だという特定の思いからであろう。何にせよある特定の目的をもって作られたものは、実際ほかの目的にもあてはまるように一般化できるものではない。なにか物足りないと知覚し、それを満たそうとして何かを作るとすれば、自分は分離していることを信じていると無言のうちにほのめかしていることになる。自我はこうした目的のために、じつに巧みな思考体系を数多くでっち上げている。そのうちのどれ一つ創造的とはいえない。

最も巧みな形をとっている分でさえ、それは無駄な努力でしかない。何かをでっち上げるためにはかなり特定のやりかたを必要とするが、それは神に創造されたものの抽象的な創造力にはふさわしくないものである。

分かっているからといって、それが何かをすることにはつながらないということを、我々はすでに気づいている。あなたは自分の本当の創造と、自分が作りあげてしまった自分のすがたとをまったく混同しているので、何かをわかるということは文字どおり不可能となっている。知識はつねに安定している、しかしあなたが安定していないことは一目瞭然。それにもかかわらず、あなたは神が創造なさったすがたそのままで完全に安定している。この意味で、あなたが不安定な振る舞いかたをするときは、あなたの創造について神がもっておられる御想念に同意していないと言うことになる。もしあなたが選ぶなら、そうすることもできるが、かりにも正しい心でいるならそうしたいとなどと思うことはほとんどありえない。

根本的な質問をあなたは絶え間なく自分に聞いているが、それを自分自身に正しく向けることは絶対にできないのである。いったい自分は何なのか、とあなたは聞きつづける。これは、その答えはあなたが自分でわかっている答えでもなければ、自分勝手に答えられるものでもないということを意味している。けれどもあなたは自分自身を正しく知覚することはできない。知覚するために心に浮かぶ像、すなわち心像というものさえ持っていない。「心像」という言葉はかならず知覚と関連しているので、知識の一部ではないのである。心像は象徴的なものであり、ほかの何かにかわって表すものだ。「自分の心像を変えようとする」想念は知覚する力というものを認めるが、同時に知るために安定したものなど何もないということも意味している。

わかっていることには解釈の余地はない。あなたは意味を「解釈」しようとするかも知れないが、それは意味を知覚することをさすので間違いをおかす余地もつねにある。こうした不調和な状態は、自分のことを分離していると見なしたと思うと、またすぐいや自分は分離していないと見なそうとする結果である。こうした実に根本的なことを混同したら、全般的に混同していることをさらに一段とひどくせずには済まない。あなたの心はきわめて巧妙になったかもしれないが、それでも何かの手順と内容とが分離されると必ず起こってしまうように、それは逃げ道のない行き詰まりの状況から逃れようとするむだな試みに利用されてしまうことになる。巧妙さは知識から全くかけ離れたものだ、知識には巧妙さなど必要ないのであるから巧妙な考え方はあなたを自由の身にする真理ではないが、自分でそれをやめる気になれば、そのように考える必要があるという思いからは自由になれる。

祈りとは何かを求めるための方法だとされている。それは奇跡の仲立ちともいえる。しかし唯一の有意義な祈りは許しを得るための祈り、許された者たちはすでにあらゆるものをもっているのだから。いったん許しが受け入れられたなら、普通の意味での祈りはすっかり無意味なものとなる。

許しのための祈りは、ただすでに自分が持っているものを再認できるように、という願いにほかならない。知識のかわりに知覚することを選んで、あなたはただ奇跡的に知覚することによってのみ御父に似たものとなれる立場に自分をおいたことになる。あなたは自分こそ神の奇跡だという知識を失ってしまった。創造があなたの御源であり、あなたの唯一の真の役目である。

聖書のなかの「神は、ご自分にかたどってご自分に似せて人間を作り……」という言い方は解釈しなおす必要がある。「かたどって」は「思いで」と理解できるし、「似せて」は「似た素質で」と理解できる。神は御自らの思いで霊を創造なさったし、御自分のに似た素質をあたえられたことはたしかである。それいがいのものは何一つない。その一方、知覚することは「もっと多いとかもっと大きい」あるいは「より少ないとかより小さい」ということを信じなければ不可能だ。どの段階においてもそれは選択力を必要とする。知覚は、受け入れたり拒絶したり、組織したりやり直したり、移行したり変えたりする継続的な過程。したがって評価することは知覚するには重要なことといえる、選択しようとすれば審きを下すことは必要であるから。

もし審きはないし、完全に平等であるものいがいに何もないとしたら、知覚することはどうなるだろうか。知覚することは不可能となる。真理がわかるだけのことだ。真理にぞくするものはすべて等しく真実であり、そのいずれかの部分がわかれば、全部がわかる。ただ知覚するには部分的に自覚する必要があるにすぎない。知識は知覚を左右する法則を超越している、というのも部分的な知識はありえないからだ。それはすべてが一体となったものであり、分離した部分などないのである。実際にその知識と一体である者は、ただ自分自身を知ることを要するだけであり、それで自分の知識は完全なものとなる。神の奇跡であるものを知ることこそ神を知ることになるのである。

許しとは分離があると知覚しているのを癒すことである。あなたのきょうだいを正しく知覚する必要がある、お互いの心は自らを分離していると見ることを選んでしまったのであるから。霊は神を完全にわかっている。これこそ霊の奇跡的な力である。事実各自がこうした力を全部持っているということは、この世の考え方から完全にかけ離れた状況だといえる。この世では、もしだれかがあらゆるものを持っているとすれば、ほかには何も残らないはずだと信じられている。しかし神の奇跡であるものは神の御思いにも劣らず全きものだ、なぜならその奇跡たるものはまさに神の御思いだからである。

知覚することが続くかぎり、祈りが役に立つ場がある。知覚することは何かが欠けていると見なしてすることなので、知覚する者たちはまだ完全に贖罪を受け入れていないし、自分を真理に託してはいない。知覚することは分離状態にいると思うからこそすることなので、少しでも知覚している人はだれもが癒しを必要としている。祈りではなくて霊的交わりこそが、分かっている者たちにとっては自然な状態といえる。神と神の奇跡であるものとは、分かつことのできない間柄である。神の御光のうちに生きる神の御思いは、実になんと美しいものであろう。あなたの真価は疑いようのないものだから知覚を越えている。違った光のうちに自分を知覚したりしないように。あなたこそまさにその奇跡だということが完全に明らかな、唯一の御光のうちにいる自分というものを知ってほしい。

六　審きと権威問題

最後の審判についてはすでに話し合ったことがあるけれども、詳細にわたって十分に話したとはいえない。最後の審判がすぎればそれにつづくものは何もないのである。知覚を越えたものには審きをくだすことなどないのだから、その審判とは象徴的なことだ。聖書が「裁かれたくないなら、他人を裁いてはならない」と言っているその意味は、もしほかの人たちにとって本当のことを審けば、自分自身のも審くことになるのを避けられないということである。

分かろうとするよりも審くことを選ぶと、平安を失う原因となる。審くことは、知識ではなくて知覚するのに必要な過程である。まえに私がこのことにふれたとき、知覚するには選択する必要があるという点について話し合ったが、それにはあらかじめ評価する必要があるのは明らかだと指摘しておいた。審こうとすれば必ず何かを拒否せずにはすまない。それは自分のことであれほかの人のことであれ、決して審かれる対象のもつ否定しがたい面だけを強調することはない。知覚して拒絶したものや審きを下して十分でないと見なしたことは、すでに知覚したのだからあなたの心に残っている。あなたが苦しめられる錯覚のひとつは、自分で反対すると審きを下したものにはなんの影響力もないと信じこんでいること。このことは、自分が反対だと審いたものは存在しないと信じないかぎり、本当にはならない。あなたがこれを信じてなどいないことは歴然としている、でなければもともと反対だと審きをくだしたはずがない。結局はあなたの審きが正しかろうが間違っていようがそれは重要ではない。どちらにしても、実在しないものを信じようとしているだけである。どのような審きかたをするにせよこうなることを避けられない、なぜならそれは実在は自分でそうだと選んだものと信じているという意味であるから。

自分自身やきょうだいたちを審こうとする気持ちを全然もたずに接するとき、思わずこみ上げてくる素晴らしい解放感や、心に深く感じる平安とはどんなものなのか、あなたには少しもわかっていない。自分が何であり、きょうだいたちは何であるか、それに気づけば、どのようにであれその人たちを審くことには意味がないと悟るであろう。事実、あなたが審きを下しているのは確かだからこそ、あなたにはきょうだいたちにどんな意味があるのか分からなくなっている。自分は審くことを強制されていると信じると、何事にも確信をもてなくなる。あなたは自分の生活を整理するのに審きをくだす必要はないし、ましてや自分の気を静めるのにそんなことをする必要はない。知識を目の前にすると審くことはすべて自動的に中断するし、これこそ知覚するかわりに再認識できるようになる過程である。

あなたは自分で知覚しておきながら受け入れるのを拒否してしまったものを、ことごとくひどく恐れている。自分が受け入れないと拒んだことを、制御しきれなくなってしまったものと信じている。だからそのことを悪夢のなかで見たり、うれしくなるような楽しい夢と思わせるような見せかけの夢に出てきたりする。自分が受け入れるのを拒否したものを何ひとつ自覚しないでいることはできる。拒否したもの自体は危険ではないのだが、自分であぶなく思えるようにしてしまったのである。

あなたが疲れを感じるとすれば、自分は疲れるものだと審きをくだしてしまったからだ。だれかを見て笑うということは、その人を尊敬に値しないと審いたからだといえる。自分を笑っているとすればほかの人たちのことも笑っているに違いない、ただしそれは、自分のほうがさらに劣っていて、尊敬に値しないという思いに耐えられないとすればではあるが。こうしたことはみな本質的にがっかりすることなので、あなたに疲れを感じさせる。本当は疲れることなどできないはずだが、あなたはたしかに自分を疲れさせることができる。絶え間なく審こうとして気を張り詰めていると、ほとんどそれに耐えられないほどになる。こんな本当に衰弱させてしまうような能力を、それほど心に深く抱いて大事にするというのも奇妙なことだ。しかしもし自分が実在の創始者になりたいと思うなら、審きをくだすことにしがみついて譲らないだろう。それにつれて審くことは恐ろしいと見なすようにもなり、いつかは自分が審きをうけることになると信じる。このように信じることとは、自分自身の権威を防衛するための武器として審きには効力があると信じるかぎり、成り立つにすぎない。

神はただひたすら慈悲をさしのべてくださる。あなたの言葉もただ慈悲を反映する言葉であるべきだ、それこそあなたが授かったものであり、また与えるべきものであるから。正義は一時的な手段、あるいは慈悲の意味を教えようと試みること。それが審きを下すようなことになるのは、ただあなたが正義を欠くことがあるからである。

私は、ものごとの異なった兆候について述べたことがあるし、それが現れる段階ではほとんど限りないほどの変化がある。しかしながら、その全部にあてはまる原因はただ一つ、権威問題である。この問題こそが「諸悪の根源」といえる。自我の作りだす兆候はどれも、名辞矛盾を必ず含んでいる、なぜなら心は自我と聖霊とに分裂しており、そのために何であれ自我の作るものは不完全で矛盾しているからだ。こんな支持しきれない姿勢は権威問題の結果だが、それは想像に及ばない思いを一つその前提として受け入れているので、ただ途方もない想念を思いつけるだけである。

権威についての論点とは、実際にはだれが創始者なのかという疑問である。権威問題があるとすれば、それは必ずあなたが自分自身の創始者であると信じて自分の妄想をほかの人たちに投影するからだ。そうしておいてあなたはその場の状況を、ほかの人たちはあなたが創始者であるとすることに同意しないと、文字どおり論争を吹っかけているのだとみて取る。これこそ神の力を奪ってしまったと信じる者たちがみんな犯す根本的な間違いといえる。このように信じると当人たちは非常に恐怖を感じるだろうが、神が難儀だと思われることはまずない。しかしながら神はそんなことはなかったことにしようと熱望なさっている、というのは御自分の子どもたちを罰したくないからというより、ただそのように信じると子どもたちが不幸になると知っておられるからである。神に創造されたものはすでに真の創始者たるお方を与えられているが、その自分の御創始者から分離することを選ぶとすれば、いわば創始者不明の身であるほうがいいと言っていることになる。真の創始者たるお方に確信がもてないので、自分を創造したものは不明だと信じる。こうして自分で自分を創造したと信じる意義があるように思える状況に自分をおくことになる。だれが創始者なのかという論争が全く確信をもてないような心境にしてしまったので、自分は本当に存在するのだろうかとさえ疑ってしまうかもしれない。

拒絶したいという欲望をすべて断念する者だけが、自分自身を拒絶するのは不可能だと分かってくる。あなたは神の力を奪いなどしなかった、しかしそれを失ってしまったことはたしかである。

幸いにも何かを失うということは、無くなってしまったということではない。ただそれがどこにあるのかを覚えていないというだけのこと。その何かが存在するかしないかは、あなたにそれが見分けられるとか、どこにあるか思い出せるといった能力に左右されることではない。審くことなく実在を見てみることはできるし、単に実在するとわかることもある。

平安は霊のもつ生まれながらの天性である。だれもみな自分の受け継いだものを受け入れたくないと拒むのは自由だが、何を自分が受け継ぐか、それを設定する自由はない。だれもが決心しなければならない問題点は、だれが創始者であるかという根本的な疑問点についてである。恐れというものはすべて、時にはその理由にすぐ気づかないこともあるにはあるが、究極的には創始者たるお方を否認することから生じる。否認されたからといって神が気を悪くなさることなど決してないが、神を否定する当人が嫌な思いをするだけである。神は御創始者ではないと否定すると自分に平安をもたらす理由をも否定することになり、自分自身を部分的にのみ見てしまう。このように変な知覚のし方をすることこそ権威問題である。

何となく閉じ込められているように感じていないものは一人もいない。もしこれがその人の自由意志の結果だとすれば、自分の意志は自由ではないと見なしているにちがいないし、こうした立場において、堂々廻りの推論をしていることがきわめて明白となる。自由意志は解放感をあたえてくれるものでなければならない。審きをくだすことは自分の望みを比べるための不安定な心のはかりで、実在の部分部分を分離してしまうので、必ず自分自身を閉じ込めてしまう。願望することは事実ではない。願望するということは意図することが十分ではないとほのめかしている。けれども、だれひとり正しい心では、願望したものが意図したものと同じように本物だとは信じない。「まず、神の国を求めよ」と言うかわりに「まず、神の国を意図せよ」と言うがよい、そうすればあなたは「自分が何であるかわかっているし、自分の受け継いだものを受け入れる」、と述べたことになる。

七　創造されたもの対自己の想像

思考体系にはいずれもみな、かならずその起点となるものがある。それは作ることあるいは創造すること、そのいずれかから始まり、その違いについてはすでに話し合ったことがある。その二つの類似点は土台としての力にある。相違点はそれぞれの土台に基づいてなりたっているものに見られる。両方とも、人がそれによって生きる信念の体系に必要な礎石ともいえる。うそ偽りに基礎をおいた思考体系は弱いとなど信じるのは間違いだ。神の子どもが作ったもので力の無いものなど何一つない。これを悟ることがきわめて重要だ、さもないと自分で作ってしまった牢獄から抜け出せなくなってしまうだろう。

あなたは自分の心がもつ力を見くびることによって、権威問題を解決することはできない。そんなことをするのは自分を欺くことであり、これは、あなたが実際には心の強さをよく理解しているので自分を傷つけてしまう。そのうえ、あなたは神を弱めることなどできもしないのと同様に、それを弱めることはできないということも悟っている。「悪魔」は、きわめて強力でありきわめて活動的だと思えるので、恐怖を感じさせる概念である。悪魔は神と戦闘状態にあり、神が創造なさったものを占領しようと戦っている軍勢と見なされている。悪魔はうそをついたり偽ったりして欺くのであり、そうして築きあげた王国ではあらゆるものが神にまっこうから反抗している。そんな悪魔にたいして、人々は不快に感じて反発するよりも、むしろ魅力を感じて引き付けられてしまい、そのうえ喜んで本当の値打ちなどない贈り物のかわりに、自分の魂を悪魔に「売り渡す」。こうしたことは全く道理にかなわないとしか言いようがない。

人類の堕落または分離については話し合ったことがあるけれども、その意味をはっきりと理解しなければならない。分離していることは思考の体系で、それは時間のうちでは十分真実味があるが、永遠の世においてはそうではない。信じていることはみなそれを信じる者にとっては本当である。象徴的なエデンの園で、ある一つの木だけからはその木の実を取ってたべることを禁じられていた。しかし神がその木の実を食べることを禁じられたはずはないし、もしそうなさったとすれば、実際に食べることができたはずがない。もし神が御自分の子どもたちを知っておられるなら、まずこれについてはたしかにその通りだと私が請け合っておくが、神は子どもたちを、自分で破滅させることになりかねない立場におくようなことをなさっただろうか。「禁断の木」は「知識の木」と名づけられた。けれども神は知識を創造なさったうえで、それを御自分の創造なさったものに惜しみなく与えられたのである。これが象徴する意味は色々と解釈されているが、神あるいは神に創造されたものそのどちらかが、自らの目的を破滅させられると見る解釈の仕方はどれも間違っていることは確かだ。

知識の木になっている実を食べるというのは象徴的な表現であり、自己創造するための能力を不当に使っていることを意味する。この点においてのみ神と創造されたものとは共同創造主ではないといえる。共同創造主だと信じていることは「自己概念」または自己が自分で想像したものを作りあげる傾向があることが暗示している。想像したものは知覚されるのであり、わかることではない。知識は欺くことはできないが、知覚は欺ける。自分を自己創造するものだと知覚できるが、そのように知覚したものを信じることしかできない。それを真実とすることなどできないのである。それから私が前にも述べたように、あなたが最終的に正しく知覚したときには、できないということをかえって喜べるだろう。しかしながら、それまではそれができるという信念があなたの思考体系の土台石であり、そうした信念を光へともたらしかねない想念を、自分の防衛策のすべてを使って攻撃するのである。あなたはいまだに自分のことを自ら想像して作り上げたと信じている。この点についてあなたの心は聖霊と分裂しており、文字どおり想像も及ばないようなことをあなたが一つ信じているうちは、解決法はない。それこそあなたには創造することができず、また自分が作り出すものにたいして恐怖を抱いているわけである。

心は、分離しているという信念を真に迫ったきわめて恐ろしいものにできるのであり、このような信念こそ「悪魔」というものである。悪魔は強力で活動的で破壊的であり、そのうえ神に反抗していることは明らかだ、文字どおり神の御父としての身分を否定しているのであるから。自分の人生をふりかえってみて、悪魔がでっち上げた人生とはどんなものか見てみるがいい。しかしこうして作られたものは、土台そのものが偽りなので、真理の光のなかで消え失せてしまうのは確かだと気づいてほしい。神によってあなたが創造されたことは揺らぐことのない唯一の土台である、そこには光があるのだから。あなたの出発点は真理であり、あなたは自分の起源たるお方のもとに戻らなければならない。あれ以来、多くのことが目にうつったが、実際には何も起こってはいないのである。たとえあなたの心には葛藤があるとしても、あなたの本来の自己は今なお平安のうちにとどまっている。自分の歩んできた道のりをまだ遠くまで十分に後戻りしたとはいえない、だから非常に恐れを抱くようになってしまう。起源たるお方に近づくにつれて、あなたは自分の思考体系が破壊されそうな恐れを感じ、それはまるで死にたいする恐れであるがごとくに感じる。死は存在しない、ただ死を信じる者がいることは確かだ。

実を結ばない枝は切りとられて枯れ果てるだろう。喜ぶがよい！　光は生命の真の御土台から輝き、あなた自身の思考体系は間違っていたことを認めるようになる。さもないと持ちこたえられないだろう。救いを恐れる者は死を選んでいることになる。生と死、光と闇、知識と知覚はどれも両立しないものである。両立しえると信じるとすれば、神と御子とは和解できないと信じることになってしまう。ただ一体である知識のうちには心の葛藤はない。あなたの王国はこの世のものではないのだ、それはこの世を越えたものから与えられたのであるから。ただこの世において権威問題についての想念に意義があるにすぎない。この世を死によって去るのではなく、真理によって去るのであり、すべての者が真理を知ることができるし、神の国はその人たちのために創造されており、みんなを待ち受けているのである。

第四章　自我の錯覚

序論

聖書には、もしきょうだいにどこどこまで一緒に行って欲しいと頼まれたら、その倍を行くようにと書かれている。そのきょうだいの旅路をさまたげたらどうかとは言っていない。きょうだいに献身することが、あなたの進歩をさまたげるようなことも有り得ない。ただお互いが前進するのに役立つだけである。真の献身がうみだすのは霊感であり、その言葉が正しく理解されれば、それは疲労とは逆のもの。疲労を感じるとは気力をくじかれているということ、それにたいしてやる気になるとは霊のうちにあるということ。自我本位になるとは気力をくじかれていることになるが、正しい意味で御自己中心的になるのは、やる気になるとか霊のうちにあるということ。本当にやる気がある者は、啓発された者であって、闇に閉ざされることはない。

あなたは霊として話すか自我として話すか、自分で選ぶことができる。もし霊として話すなら、「じっと静かにして、私が神だと知れ」と言われているのを選んだことになる。こうした言葉は知識を反映しているので、霊感によって言われたことである。もしあなたが自我として話すなら、知識を肯定せずに否定することになり、霊のうちにいないことになる。無益な旅路に足を向けないように、そんな旅路は実にむなしいものであるから。自我は行きたがるかもしれないが、霊は御土台から離れるつもりなど全くないので旅立つはずがない。

あの十字架にむかう旅路こそ、最後の「無益な旅路」となるべきである。そのことをくよくよ考える必要はない、すでに終わったこととして忘れてしまうがよい。もしその旅路をあなた自身の最後の無益な旅路として受け入れるなら、あなたも私の復活に加わることができる。それまでは、実にあなたは人生を無駄に生きていることになる。そうした人生は、たんに分離や力の喪失、自我が償いのためにするむだな試み、あげくのはては、からだを十字架にかけたり死を再現したりするにすぎないのである。この繰り返しは自発的に放棄しないかぎりいつまでも続くことだろう。「古くてぼろぼろになった十字架にすがりつこうとする」ような、哀れな間違いをしないように。キリストのはりつけが伝えようとすることはただ一つ、あなたは十字架のような受難でさえ乗り越えられるということである。これがわかるようになるまでは何度でも好きなだけ十字架にかかるのもあなた次第。私があなたに説きたかったのはこのような福音ではない。われわれには他にたどるべき旅路があるし、もしこれから述べる教えを注意深く読めば、それがこの旅に出る準備の手助けとなるだろう。

一　正しく教えることと正しく学ぶこと

すぐれた教師は自分の考えを教えることによって、それをよりはっきりさせ、また強めていく。教師と生徒は学ぶための過程にいるという点で似ている。共に学ぶために同じ段階にいるのであって、お互いに習ったことを分かち合わなければどちらも確信をもてないままになる。すぐれた教師はまず自分が教える内容に確信を持っていなければならないのは言うまでもないが、別の条件をも満たす必要がある、それは自分が教えている生徒を信じなければならないということである。

自分の思考体系をそのままにしておきたいと望んで、自分の考えを守ろうとする者が多い、ところが学ぶことは変化を意味する。変化することは分離している者たちにとってはつねに恐怖である、変化することが分離を癒すことにつながるとは思いも及ばないのだから。その人たちはいつも変化することをさらに分離してしまうことだと見なす、というのも分離したという思いこそ最初に経験した変化だったからだ。あなたは自分の自我にどんな変化も入り込まないようにしさえすれば、平安を見いだせると信じている。こんな重大な混同をしていることは、同じ思考体系が二つの土台のどちらにもなりたつと主張する場合にのみ可能である。自我から霊にとどくものは何一つないし、霊から自我にとどくものは何一つない。霊は自我を強めることなどできないばかりか、自我の葛藤を減らすこともできはしない。自我は矛盾そのものである。あなたの自己と神の御自己とはまったく相反するものだ。そのふたつの源も方向も結果も、反対になっている。そのふたつは根本的に両立しないものだ、霊は知覚できないし、自我は知ることはできないのだから。したがって霊と自我は意思の疎通をしていないし、決して意思の疎通をすることはない。それにもかかわらず、自我は学ぶことはできる、たとえその作り主が間違って導かれることがあるとしても。しかしその作り主は、生命あるものから、全く生命のないものを作ることはできない。

霊は教わる必要はないが、自我はそうではない。学ぶことは、自我の破壊ではなく、自我を霊の光へと手放すことになるので、結局は恐怖を感じさせることとみなされている。こうした変化を自我は恐れているにちがいない、自我は私の思いやりを分かち合おうとしないのだから。私が学んだことはあなたが学ぶのと同じこと、私はそれを学んだので教えることができる。私は決してあなたの自我を攻撃しない、ただその思考体系がどのようにして起こったかを教えようとしている。私があなたに自分の真の創造に気づかせたら、自我はそれにたいして恐れを感じないではいられない。教えることと学ぶことは今のところあなたの最大の強みだ、自分の心を変えることができるようになるし、ほかの者たちが心を変える手助けもできるようになるのだから。自分の心を変えることを拒否しては、分離は起こっていないことを証明できない。自分がまだ夢を見ている最中に、その夢の実在性を疑う人は、実際のところ自分の分裂した心を癒してはいない。あなたは分離した自我を夢見ておいて、そのうえに成り立っている世界を信じている。これはあなたにとってはまさに本物。そんな世界について自分の心を変えなければ、それをもとどおりにすることはできない。もしあなたに自分の思考体系の監視役を放棄し私にまかせる気があるなら、私はその思考体系を本当にゆっくりと正していき、その上であなたを神のもとへと導くつもりだ。

すぐれた教師ならだれでも、自分が学んだことをできるだけ生徒に与えて、そのうち生徒がもはや自分を必要としなくなることを望む。これがそうした教師のいだく唯一の真の目標。自我にこうしたことを納得させるのは不可能だ、それは自我独自の法則すべてにとって不利になるのだから。しかし法則はその作り主自身が信じている体系が継続するように、それを護ろうとして設定するものだということを忘れないように。あなたがすでに自我を作ってしまったからには、自我がそれ自体を護ろうとするのは当然だが、あなたも自我の法則に従いたいと望むのは当然だとはいえない、但しあなたがその法則をたしかに信じるのなら別だが。自我にこうした選択ができないのは自我の根源の本質のためだ。しかしあなたは自分の根源の本質ゆえに選ぶことができる。

自我どうしはどんな状況でも衝突することがあるが、霊は衝突することなど全くありえない。もしあなたが、教師は単に「もうひとまわり大きな自我」にすぎないと知覚するなら恐れを抱くようになる、自我を大きくするということは分離についての不安を増すことになりそうなのだから。もしあなたに私と一緒に考える気があるなら、私は共に教え共に生きていくつもりだが、私の目標はいつも、最終的にはあなたが教師を必要としなくなることだ。これは自我志向の教師の目標とは逆である。そんな教師は自分の自我がほかの自我にあたえる影響を心配し、相互に影響しあうのは自我を保存するための手段だと解釈する。もし私がこんなことを信じたら教えることに専念できないだろうし、あなたもこんなことを信じているうちは、献身的な教師にはなれないだろう。私はいつも教師として褒めたたえられるか拒否されるか、そのどちらかに見なされているが、私自身はどちらの見かたも受け入れない。

あなたの真価は教えたり学んだりすることで確立されるのではない。あなたの真価は神によって確立されている。これについてあなたが異議を申し立てるかぎりは、何をしようとしてもことごとく恐れを感じてしまうし、どんな状況であれそのために自分は優秀だとか劣っているとか信じるようになりがちな場合には、特に恐れを感じるようになる。教師は辛抱強く、教えようとすることを生徒がしっかり分かってくれるまで、何度でもくりかえして教えなければならない。私はそうするつもりでいる、あなたが学ぶのを制限する権利など私にはまったくないのであるから。もう一度言っておくが、あなたが何を行い、何を考え、何を願望し、何を作るか、そのようなことが必ずしもあなたの真価を確立するのではない。この点については、妄想していない限り論争の余地はない。あなたの自我は神が創造なさったのではないので、問題になることはない。あなたの霊は神がたしかに創造なさったので、決して問題になることはありえない。こうした点について少しでも混同しているとすれば、それは妄想であり、そんな妄想が続く限りは、どのような形であれ何かに専念することは不可能だろう。

自我は自らの不信感を乗り越えるために、すべての状況を不当なやりかたで、自我自体が賞賛を受けるような形にもっていこうとする。あなたが自我の存在を信じるかぎり不信感は残るだろう。自分で作っておきながら、それを信用できないのは、自分の正しい心のなかではそんなものは実在しないと悟っているからだ。正気で解決する方法はただ一つ、実在を変えようとしないこと、変えようとすれば怖くなるのは確かだから、ただ実在をそのままに受け入れることである。あなたは実在の一部であり、その実在は変化することなく、自我にはとどかないが霊にとってはたやすくとどく範囲にある。あなたが恐れを抱いたときには気を落ち着けて、神は実在なさるし、自分は神がよろこびとされるその愛し子であると知ってほしい。これについて自我に異議を唱えさせたりしないように、あなたのように自我には届かないほどかけ離れた存在であるものを、自我は知ることなどできないのだから。

恐れを作ったのは神ではない。あなたが作ったのである。あなたは神のようには創造しないことを選択したのであり、したがって自分で恐れというものを作った。あなたは与えられた役目を果たそうとしていないので、心が平安だとはいえない。神はきわめて高尚な役目をあなたに与えられたが、あなたはそれを果たしてはいない。あなたの自我がそうした役目を果たすかわりに、恐れを抱くことを選んでしまっている。目覚めたときには自分でもこれを理解しかねるだろう、こんなことは文字どおり信じがたいことであるから。そんな信じがたいことなど、いま現に信じたりしないことだ。どうにかしてそんなことを信じられるようにしようと試みるのは、単に必然的なことを後回しにしているにすぎない。「必然的」という言葉は自我にとっては恐怖となるが、霊にとっては喜ばしいことといえる。神は必然的であり、神があなたを避けられないのと同様、あなたは神を避けることはできないのである。

自我は霊の喜びというものに恐れを抱いている、なぜならあなたが一度そうした喜びを経験すると、自我を護るためにしていたことをみな取り下げるだろうし、恐れに左右されていたことをすべて手放すようになるからである。恐れは分離している証拠になるので、いまのところあなたは恐れにかなりの力をあたえているし、あなたの自我はあなたがそれを証明すると喜ぶ。そんなものは置き去りにするがいい。耳をかすこともないし、保護することもない。ただ神にのみ耳を傾けるがいい、神は御自ら創造なさった霊と同じく、欺くことなどなさらない御方である。自分自身を解放し、ほかの者たちをも解放してほしい。あなた自身が正しく描写されておらず、あなたにふさわしいとはいえないすがたを、ほかの人に見せることはないし、その人たちをそのように描いたすがたなど受け入れないことである。

自我は、みすぼらしくて避難所にはならないような住み家をあなたのために建ててしまったわけだが、それはそれ以外に建てようがないからだ。こんなお粗末な家を、そのまま残そうとしないほうがよい。そんな家の弱みがあなたにとっては強みとなる。神だけが御自分の創造なさったものにふさわしい住まいを、おつくりになれるのだが、創造されたものはそれを自ら明け渡して、空き家にしておくことを選んでしまった。けれども、神の住まいは永遠に持ちこたえるのであり、あなたがそこに入るのを選ぶときのために準備ができている。これについては完全に確信をもてる。神は死滅するようなものを創造なさることはできないのであり、同様に自我は永遠なるものを作ることはできない。

自分の自我にしたがうなら、自分やほかの者たちを救うために何もできないが、霊にしたがえば自分とほかの者たち、その両方を救うためにすべてを為すことができる。謙遜であることは自我の習うべきことだが、霊にとってはそうではない。霊は謙遜であることを越えている、自らの輝きを認めているし、どこにでも喜んでその光を注ぐのだから。柔和な人はその人の自我が謙遜だから地をゆずりうけることになるのであり、これがその人により正しい知覚力をもあたえる。神の国は霊の権利であって、その霊の美しさと気高さは本当に確かで、知覚を越えたものであり、神の創造なさったものに対する御愛の印として永遠に持ちこたえるし、創造されたものは本当に神に、ただ神にのみふさわしい。神御自らの創造にとって十分ふさわしい贈り物はほかに何もない。

もしあなたが望むなら、私はあなたの自我と交替するつもりだが、あなたの霊の代わりには決してなれない。父親は、年上の息子に責任感があるとわかったら、下の子どもを安心してまかせておける、しかしこれでその子どもの生まれを混同するようなことにはならない。兄は自分のきょうだいのからだと自我を護れるが、だからといって自分を父親と混同したりすることはない。あなたのからだと自我を私にゆだねればよい、こうすればあなたはそんなものを心配しなくてもすむし、私がからだや自我など重要ではないとあなたに教えることができる。もし私自身かつて、からだや自我を信じるようにとそそのかされたことが無かったなら、あなたにとってはそうしたものが大事だということを理解できなかっただろう。一緒にこうした教訓を学びはじめようではないか、そうすれば我々は共にからだや自我から自由になれる。私は心を癒すという目標を分かち合える熱心な教師たちを必要としている。霊はあなたや私の保護を必要としてはいない。つぎのことを覚えておくがよい。

この世で苦しい試練などうける必要はない、
わたしはすでにこの世に勝ったのであるから。
だからこそ元気を出して、しっかりしてほしい。

二　自我と間違った自律

一体どうして心が自我を作り出すことなどできたのか、と聞くのはもっともである。実のところそれはあなたにできる一番いい質問だといってもよい。しかしながらそれを過ぎたこととして答えるのは無意味だ、過ぎ去ったことなど重要ではないのだから、それにもし同じような間違いを現在でも繰り返しているのでなければ、歴史は存在しないはずである。知識はまったく個人に関しないので、抽象的な思考があてはまるのであり、それを理解しようとして実例など持ち出すのは見当違いといえる。しかしながら知覚することには必ず特定の目的があり、したがってきわめて具象的になる。

だれもがみな自分で自我または自己というものを作るのであり、それは不安定なものなので途方もなく変化しやすい。そのうえ自分が知覚するほかの人のためにもそれぞれの自我を作り上げるが、どれも同じように変わりやすいものだ。こうして自我どうしが影響し合うことが双方を変える過程となる、なぜなら自我は不変なる御方によって、またはその御方にぞくするもので作られたのではないからである。こうした変化は、物質的存在であるものどうしが接近して影響し合ううちに変化を容易におこすのと同様に、心の中でおたがいに影響し合う時じつに難なく起こり得るし、確かに起こる、ということに気づくことが大切だ。別の自我について考えることが、それに関連した知覚のしかたを変えるのに効果的であるのは、物質的存在として影響し合うのが効果的なのと同じだということになる。自我は事実ではなくてただの想念にすぎないという実例として、これより良い例はないだろう。

あなた自身の心の状態は、そんな自我がどのようにして作られたのかを良く実証する。あなたは自分で知識をかなぐり捨てたとき、まるでそれがもともと自分のものではなかったがごとくに捨ててしまった。このことはきわめて明白であり、だれでもただそれに気づきさえすれば、確かに起こり得ることだとわかる。もしこれが現在でも起こっているなら、同じことが過去にも起こったからといって驚いたりしないはずなのだが。よく知らないものごとについて驚くのはもっともな反応だが、本当にしつこく続いて起こっていることに対しては、もっともなことだとはまず言えない。しかし、今のところは心がそのように働いているのは確かだが、心をそんなふうに働かせる必要はないということを忘れないように。

動物の子に対する愛情とか、子を保護する必要があると感じることなどを考えてみるがいい。それは動物が子どもはその動物そのものの一部分だとみなすからである。自分の一部だと考えるものを念頭に置かずにいるようなことはだれもしない。あなたは自分の自我にたいして、神が御自ら創造なさったものに愛と保護と思いやりとで反応なさるのとほとんど同じように反応する。あなたの自分で作った自己にたいする反応のしかたは意外なことではない。それどころか、それは色々な点であなたがいつの日にか自分が本当に創造したものに対して示す反応に似たところがあるし、またそうした創造はあなたと同じように時間を超越したものである。問題は自我にたいしてどのように反応するかではなくて、自分は何だと信じるかだ。信じることは自我の働きであり、自分の起源について信じるかどうかの余地があるかぎり、あなたはその問題を自我の観点からみている。教えることがもはや必要でなくなったとき、あなたにはおのずと神が分かってくる。もう一つ他に知覚のしかたがあると信じるのは、自我の考え方でできる最も高尚な想念といえる。なぜならそれには自我は真の自己ではないと気づいた気配があるからである。

自我の思考体系を徐々にむしばんでいくのは苦痛だと知覚するにちがいないが、そう思い込んでいることは決して真実ではない。赤ん坊は包丁やはさみを取り上げると、はげしく泣きわめいたりする、だがもし取り上げないでおくと自分を傷つけることになるのはわかりきっている。こうした意味であなたはまだ赤ん坊だといえる。あなたは本当の自己保存について全然分かっていないし、そんな自分をいちばん傷つけかねないようなものを、自分が必要としていると決めてしまいそうだ。けれどもあなたは、今それに気づいているかどうかはべつとして、害を加えないようになると同時に役立てるようになるために努力し協力することに同意したし、こうした属性は一緒になりたつべきものだ。こうしたことに対してさえあなたの態度が矛盾しているのはやむを得ない、どのような態度もみな自我に基づくものであるから。こうしたことはいつまでも続かない。いましばらく辛抱して、その成果は神と同じように確実だということを覚えておいてほしい。

自分は本当に満ち足りていると感じ、またその思いを持続できる者のみが真に思いやりのある心をもてる。これが何を意味するのか考えてみれば、ここで言っていることはすぐわかる。自我にとっては、何かを与えるということはその分だけ自分の持ち分が減るという意味を含んでいる。与えることを犠牲にすることと結びつけて考えると、あなたはただともかく何かよりよいものを手に入れられるのだし、それなら自分が与えるものは無くても済ませられると信じるからこそ与える。「手に入れるために与える」というのは避けられない自我の法則であり、自我はいつもほかの自我との利害関係において自らを評価する。したがって自我は始終、何かが欠けていると信じることに心を奪われており、それが自我を生じさせたのである。そんな自我が全面的にほかの自我を本当だと知覚するのは、ただそれ自体もたしかに本当だと自らを納得させようとする試みにすぎない。自我の言う「自尊心」が意味するのは、ただ自我が自らを惑わして自我の実在性を受け入れたということであり、したがって一時的にほかのものを食いものにすることが少ないということだけだ。こんな「自尊心」は、圧迫感を感じるとどうしても傷つきやすいし、その圧迫感とは少しでも自我の存在が脅かされていると知覚したときの気持ちをいう。

自我は文字どおり比較することによって生きている。平等であることなど理解できないし、思いやる心など不可能となる。自我は決して満ち足りているとの思いから与えることはない、それを補うものとして作られたのがその自我であるから。だから「手に入れる」という概念が自我の思考体系に生じたのである。本能的な欲望は「手に入れる」ための機制であり、自らを確認する必要があるという自我の思いを表している。こうしたことはからだの本能的欲望にしても、いわゆる「上級の自我の心理的要求」についても、同じように本当だといえる。からだの本能的欲望は物質的なものがその根源ではない。自我はからだをその住み処と見なしているのであって、そのからだを通して自らを満足させようとしている。しかしこうすることが可能だという想念をもつのは心が決めるのであり、そんな心は実際には何が可能なのか全く混同してしまっている。

自我は完全に独力でなりたっていると信じているわけだが、それは単にどのようにしてその自我が起こったと思っているのか、それを別の方法で描きだしているにすぎない。これはたしかに恐ろしい状態なので、自我はただほかの自我に振り向いて、一体感を持ちたいという思いからの弱々しい試みとして合併しようとするか、または同様に弱々しい見せかけの力で攻撃しようとするか、そのどちらかしかできない。しかしながら、その前提をおおやけに質問させることはできない、その前提こそが自我の土台なのだから。自我とは、完全に独り立ちしていると心で信じていること。自我は絶えず、霊の承認を獲得しそのうえで自らの存在を確立しようと試みるが、それは無益なことだ。知識のなかにある霊は、そんな自我を自覚してはいない。霊は攻撃するどころか、単に自我というものをまったく思い付くことさえできないのである。それと同じように自我は霊を自覚していないとはいえ、自我はそれ自体よりも偉大な何かに拒絶されていると知覚しているのは確か。だから自我の言う自尊心は妄想であるに違いない。神が創造なさったものは、神話を創造しない、とはいえ創造しようとする努力が神話集にされることはある。しかしながらそれはただ一つの条件のもとにできるのであって、出来上がったものはもはや創造的ではない。神話はすべて知覚によるものであり、したがってその形は実にあいまいだし、そのうえその特徴として本質的に善と邪悪とが含まれており、最も慈悲深い神話でさえ、恐ろしい暗示的な意味合いを含んでいない神話はないのである。

神話と魔術とは深い関連がある、というのも普通、神話は自我の起源と関係があり、魔術は自我が自我のものだと考えている力に関係しているからである。神話的体系は、「天地創造」についての物語らしきものを含むのが通例であり、こうした物語とそれに特有の魔術の形とを結び付けている。いわゆる「生き残るための戦い」とは、ただ自我が自我そのものを保存しようとしてあがいていることと、その自我の始まりについて自ら解釈したことにすぎない。こうした始まりはふつう物質的存在として誕生したことと結び付けて考えられる、なぜならその時点以前に自我が存在していたと主張するのは難しいからである。「信仰心」のある自我志向の者は、霊魂は前にも存在していたし、また一時的に堕落して自我として生きた後も、存在し続けると信じるかも知れない。なかに霊魂はこうして堕落したことにたいして罰をうけることになると信じる者さえいる。しかしながら救いは霊にたいして適用されるものではないし、霊は危険な状態にはいないのだから救助される必要もないのである。

救いとは「心が正しい状態にあること」、それ以外のなんでもない、それは聖霊の御心が一つの状態であるのとは違うが、この御心を一つの状態に回復させるには、まず心を正しい状態にする必要がある。心が正しい状態は自動的につぎの段階へと歩みを進める、それというのも正しい知覚は一様に攻撃などしないので、心の正しくない状態はあとかたもなくなるからである。自我は審きをくださずには生きながらえることはできない、従って捨て去られるしかない。そのあと心はただ一つの方向にだけ動ける。それはいつも自動的にある方向へ向かう、そうした心は自ら支持する思考体系に指図されずにはいられなくなるのだから。

なんど強調してもしすぎることはないのだが、知覚を正すことは単に一時的な方便にすぎない。それはただ、誤って知覚することは知識への障害となり、それにひきかえ正確に知覚することは知識へと向かう踏石となるので、そうする必要があるわけだ。正しく知覚することの全価値は、知覚することなどみな必要ではないと必然的に悟るようになることにある。こうすることが障害となるものを全部取り去ってくれる。あなたは、自分がこの世に生きているように見える限り、どうしてこれが可能なのかと尋ねるかも知れない。それはもっともな質問だ。しかしながら、そのことを本当に理解するように気をつけなければいけない。この世に生きている「あなた」とはいったい誰のことだろうか。霊は不滅であり、不滅であるとは絶え間なくつづく状態をいう。そうした状態はいま現に真実であり、いままでもそうであったと同様にこれからもそうである、それは全く変化しないという意味を含んでいるのだから。その状態は連続体でもなければ、逆のものと比べてみて理解されるものでもない。知識は決して比較することを必要としないのである。これこそ、心が把握できるほかのあらゆるものとの、主な違いといえる。

三　葛藤を伴わない愛

「神の国は、実に、あなたたちの中にある」といわれているが、それが何を本当に意味するかを理解するのはむつかしい。というのも自我はそれをまるで外にある何かが中にあるといっていると解釈し、それでは意味を成さないので、理解できないのだ。「中にある」という言葉は必要ではない。神の国とはまさにあなたである。あなた以外には何も御創造主は創造なさらなかった、だからあなたを除いては何が神の国だろうか。これこそ贖罪が伝えたいと願うことのすべて、それが伝えることの完全性は、それの部分部分を総計した和をも超越する。あなたも、あなたの霊が創造した王国をもっている。その霊は自我の錯覚などのせいにして、創造することをやめたりしてはいない。あなたが創造したものはあなたと同様、父親のいないものではない。あなたの自我とあなたの霊とが共同して創造主となることは決してないが、その霊とあなたの御創造主とはいつまでも共同の創造主となる。あなたの創造したものはあなたと同じように安全だということを確信してほしい。

神の国は完全に一つに結ばれており、また完全に護られており、
自我がそれに勝るようなことはありません。アーメン。

これは祈りの形式で書いてあるが、そのわけは心がそのかされていると感じた時に役立つからである。いわば独立宣言のようなものだ。もしあなたがそれを十分に理解すれば、非常に役立つものだとわかるだろう。あなたに私の助けがいる理由は、あなたが自分で御指導者を拒んでしまった

ので、指導を必要とするからである。私の役割は真実を間違いから分離させること、そうすれば真理は自我が設けた障害など突破できるし、あなたの心の中へと光を注ぐことができる。われわれが一つになった力に、自我は勝つことなどできはしない。

自我がなぜ霊を「敵」とみなすか、それはもうきっと明白になったであろう。自我は分離から生じたものであり、その存在が継続するかしないかは、あなたが分離していると信じ続けるかどうかによって左右される。自我は、こんなことを信じ続けている者にたいして、なんらかの報酬を差し出さなければならない。それが差し出せるものといえば、ただ一時的に存在しているような感じしかないし、そんな存在は自我独自の始まり方で始めて独自の終わり方で終えることになる。自我は、こうして生きるのがあなたの存在だと言う、これこそ自我そのものの生き方なのだから。こんな一時的な存在感にたいして、霊は永続性と動揺することのない存在をもつ知識を差し伸べてくれる。このような啓示を経験したことがあるものは、だれひとり再び自我を完全に信じることなどできなくなる。どうして自我の不十分な申し出が、神のすばらしい賜物に勝るだろうか。

自我と自分とは同じだと思う者は、神に愛されているということを信じることなどできない。あなたは自分の作ったものを愛してはいないし、自分が作ったものに愛されてもいない。御父を否定するからこそ自我が作られたのであり、そんな自我には自分を作ってくれた相手にさえ忠誠心などないといえる。あなたは自分の作った自己を憎んでいるので、神と神が創造なさったものとのあいだにある本当の関係など思いつきもしない。分離すると決心したことを自分で自我のうえに投影するが、これは、自我を作ったのは自分だからその自我にたいする愛と矛盾してしまう。この世ではこうした両価性、すなわち相反する感情を合わせ持たない愛はないし、この両価性を伴わない愛を経験したことのある自我などいないので、そうした概念を理解しようにもできはしない。愛は、もし心が本当に望むならただちにその心にはいるだろう、ただし本当にそれを望まなければならない。これはつまり相反する感情を持たずにそれを願望するという意味であり、こんな風に望むとは自我の「手に入れようとせずにはいられない気持ち」を全部なくすということである。

自我がさせてくれるどんな経験とも、かなり違った経験をすることがあり、そのあとは、決して二度とそうした経験をまぎらしたり隠したりしたいとは思わなくなる。ここで、あなたが暗闇や隠すことなど信じているから、光が入って来られないのだと、繰り返して言っておく必要がある。聖書には何カ所も、計り知れないほどの賜物について言及しているところがあり、そうした賜物はあなたのものだが、それを自分から求めなければならないのである。こうした条件は自我が決めるような条件ではない。それはあなたが何であるかというすばらしい条件である。

あなた自身の意志を除いては、あなたを導くのに十分だといえる強さや価値のある力はほかにない。この点であなたは神と同じように自由であり、いつまでもそうあり続けなければならない。あなたにたいする御父の愛と、御父にたいする自分の愛とを忘れずに大切にさせてくださるようにと、共に私の名において御父に願おうではないか。こうした願いが聞き入れられなかったことなど全くない、ただ御父がすでに意図されたことを願っているにすぎないのだから。心から呼びかける者たちの願いは必ずかなえられる。あなたは御父をおいてほかの神をもつことにはならない、なぜならほかの神などないのであるから。

あなたはいままで心に抱いたことのある想念で知識とは相反するものを、どれもみな放棄するということなど思ってみたことさえないようだ。ほんの少し恐ろしいと思ったことを、数え切れないほどたくさん忘れずに持ちつづけているので、それが聖なる御方がおはいりになるのを邪魔しているといえる。光はそれを妨げようとしてあなたが作った壁を貫き通すことはできないし、あなたが作り上げたものを取りこわすなどもってのほかだと、今後ともそんなことをする気にはならないだろう。壁を通して見ることができるものはだれもいないが、私はそれをぐるっとよけて向こう側へいける。ほんのわずかな恐れのかけらも入らないように自分の心を見守るがよい、そうしなければ私にそうしてほしいとは頼めないだろう。私があなたを手助けできるのは、ただ御父がわれわれを創造なさったそのままのすがたとしてである。私はあなたを愛し尊びもする、そのうえあなたが作り上げたものを絶対に重んじ続ける、しかし真実のものでなければ支持するつもりはない。神と同様に、私も決してあなたを見捨てるようなことはしないが、あなたが自分自身を見放すことを選んでいるかぎりは待つしかない。私はいらだつ思いを抑えながらではなく、愛するからこそ待っているのだから、あなたは心から頼むようになるにちがいない。ただの一言、はっきりと呼びかけてくれれば、すぐに応じるつもりだ。(直ちに馳せ参じたてまつる――BY GIZZY!!!)

念には念を入れて、自分が何を本当に願っているのか見てみるといい。これに関しては自分にたいして本当に正直でなければいけない、我々はお互いに隠し立てしてはならないのだから。もし本当にこうしようと心がけて努力するなら、自分の心に聖なる御方が入れるようにしようと、その第一歩を踏み出したことになる。あなたと私と一緒にその準備をしよう、いったん聖なる御方が来てくだされば、あなたは私がほかの者たちの心をもその御方を受け入れられるようにする、その手助けもできるようになるのだから。あなたは一体いつまで聖なる御方に御自分の国を拒むつもりなのだろうか。

あなた自身の心の中には、たとえ自我は否定しているといえども、自分は解放されていると断言するものがある。神はあらゆるものを確かに与えてくださっている。この事実は、自我は存在しないということを意味し、これが自我には深刻な恐怖となる。自我がつかうことばで「何かを持つ」と「何かである」というのは異なったものだが、聖霊にとってはその二つは同一である。聖霊はあなたがあらゆるものを確かに持っていると同時に、あらゆるものそのものであるとわかっている。こうした点で少しでも区別するのが有意義な場合があるとすれば、それはただ、何かが欠乏していることをほのめかす、「手に入れる」という考えをすでに受け入れている場合だけだ。だからこそ我々は、神の王国を持っているというのと、神の王国そのものであるということに区別をつけたりしないのである。

神の王国として平静であるものを、あなたの正気の心は完全に意識しているが、それは自我が支配する心の部分からは容赦なく追い払われる。自我は、あなたが眠っていようと目覚めていようと、文字どおり打ち負かすことができる見込のないものに対抗しているので、絶望的になっている。考えてもみるがいい、あなたは自我を護ろうとしてどれだけ警戒する気があったか、その半面いかに自分の正しい心を護ることを怠ってきたか。正気でない者いがいに、一体だれが真実でないものを信じる気になったり、そのうえ真理を犠牲にしてまでそんな信念を護ろうとしたりするだろうか。

四　その必要はない

もし神に代わって話す御声が聞こえないとすれば、それは聞くことを選んでいないからである。自分の自我の声を聞いているのは確かだということは、あなた自身の態度や、気持ちの移り変わり、振る舞い方でわかる。しかしあなたはこうしたことを望んでいる。引き留めようと奮闘したり、失わないように警戒したりしているのもこのためだ。あなたの心は自我の顔をつぶさないようにするための計略でいっぱいで、キリストの顔を捜し求めてはない。自我がみずからの顔を捜そうとのぞき見る鏡は、実に暗い。目をあざむいているにすぎないその存在を、鏡を用いるいがいに、どのようにして維持できるのだろうか。しかしどこに目を向けて自分自身を見いだそうとするか、それは自分しだいである。

振る舞い方を変えることで心を変えることはできないと前に述べたことがあるが、それと同時に、自分の心を変えることは確かにできると何度も言った。何かを間違って選んでしまったと自分の気分でわかるとき、これは喜びを感じていないときは必ずそのとおりだといってもいい、だがそこでこのままでいる必要などないと知るがよい。どの場合にも、神が創造なさったきょうだいのだれかについて間違った思いを抱いて、薄黒い鏡の中に自我が想像したすがたを知覚しているのだ。自分で思いついたことで神が思いつかれたはずがないようなこととか、自分では思ってみたことさえないが、神が考えてみるようにと仕向けられることなど、正直に考えてみてほしい。自分でしてしまったことや、しないで残しておいたこと、いずれもそのあとで神の心とともに考えようとして自分の心を変えたことなど、誠意を持って捜してみてほしい。これをやってみるのは難しく思えるかもしれないが、そのことを考えないでおこうとするよりもずっと容易なはず。あなたの心は神の心と一つになっているのである。そんなはずがないと否定して、別の考えかたをすることで自分の自我をばらばらにせずにすんだが、自分の心を文字どおり分裂させてしまった。あなたを愛する兄として私はあなたの心に強い関心をもっており、あなたには、私の例にならって自分自身やきょうだいを見つめるようにし、どちらにも栄光ある御父が栄光のうちに創造されたものを見出すように、と強く勧める。

自分が悲しいと思うときには、このままでいる必要はないと知るがよい。憂鬱感は、何か自分が欲しいのにそれを持っていないと、まるで自分から取り上げられているように感じることから生じる。あなたには奪われたものなど何一つない、あるとすれば、ただ自分でそう決めたという以外には考えられないということを思い出して、そのあと別の考え方をしようと決心することだ。

不安を感じるときには、そんな気持ちになるのは自我が移り気だからだと悟って、このままでいる必要はないと知るがよい。あなたには自我が指図することを用心深く聞き入れることができると同様に、そんな指図には従わないようにしようとして用心深くすることもできる。

罪責感にさいなまれたなら、自我が神の法則にそむいたのは確かだが、自分はそむいていないということを思いだしてほしい。自我が犯した「罪」は私に任せておけばよい。そのためにこそ贖罪がある。しかしあなたの自我が傷つけた相手について自分の心を変えるまでは、贖罪でさえあなたに解放感をあたえることはできない。罪責感にさいなまれているうちは自我が支配しているということになる、なぜなら罪責感を経験できるのは自我だけなのだから。そんな思いをする必要はないのである。

自分の心を自我の誘いから見守り、それに欺かれたりしないように。自我が差し出せるものなど何一つないのだから。こんな自分から進んで気力をくじくようなことを放棄したなら、いかに自分の心を集中することができ、疲労することはなくなり、癒すことができるかわかってくる。けれどもまだ、自我の自分を解き離せというしつこい要求にたいして充分に警戒していない。解き離す必要などない。

神と神が創造なさったものとのつながりを保とうとすることを習慣づけるのは容易にできることであって、ただ積極的に自分の心にそのことを忘れないようにさせさえすればいいのだ。問題はそれに専念できるかどうかではなくて、絶え間なく努力を注ぐに値するほどのものは、自分自身をも含んでだれもいないと信じていること。こんな思い違いをしないように首尾一貫して私の側について、こんな取るに足らない信念に引き戻されることのないように。落胆している者は、本人にとっても私にとっても役に立たないが、ただ落胆することがあるのは自我だけである。

あなたは自分自身を喜ばせる機会が何度あったか、そのうち拒否したことが何度あるか、実際によく考えてみただろうか。神の子の力には限界はないが、自分で選んでその力をどれだけ表現するか制限することはできる。あなたの心と私の心とは一つになって、その輝きで自我を消滅できるのであり、神の力をあなたが考えることや為すことすべてのうちに自由に放つのである。これに劣るものには何ごとにも甘んずることなく、自分の目標としてこれ以外のものは受け入れないと拒否すること。自分の心を見守って、その目標を成し遂げるのを妨げるような信念に注意し、そんな信念からは離れることである。うまくいっているかどうかは自分がどう感じているかで判断してみるといい、こうするのは審きを正しく使っているといえるのだから。審くことはほかの防衛法と同様に、攻撃するためにも護るためにも使えるし、傷つけるためにも癒すためにもつかえる。自我は審かれるために引き出され、その結果確かに十分なものではないと見なされるべきだ。自我はあなた自身の忠誠心や保護や愛がなければ、存在できない。真実にそって審きをうけさせたうえで、あなたは忠誠と保護と愛とを自我から引っ込めなければならない。

あなたは真理を映し出す鏡、そのなかに神御自身が完全な光として輝いておられる。自我の薄暗い鏡にはただ一言いえば用は足りる、「暗い鏡を見つめたりするつもりはない、映っているすがたは真実ではないとわかっているのだから」。そのあと聖なる御方が平安のうちに自分のうえに輝かれるに任せれば、これだ、まさにこれにちがいないとわかる。あなたが創造されるにあたり、その御方は御心の輝きを注ぎ、あなたの心を生み出された。その御心は今もなおあなたの上に輝いているし、あなたを通して輝きつづけなければならない。自我は聖なる御方が輝かれるのを妨げることはできないが、あなたがその御方に自分を通して輝かれるようにしようとするのを邪魔することはできる。

キリストの最初の到来とは単に神の創造をいいあらわす他の名称にすぎない、キリストこそ神の子のことであるから。キリストの二度目の到来、いわゆるキリストの再臨と呼ばれていることが意味するのは、ただ自我が支配する時は終わり、心は癒されたということにほかならない。私は最初の到来においてあなたと同じように創造されたのであり、再臨においては私に加わるようにとあなたに呼びかけた。キリストの再臨の責任者である私がくだす審きは、ただ保護するためであり、決して攻撃などしないのだから間違っているはずがない。あなたの審き方はかなり歪んでいるらしく、私があなたを選んだのは間違いだったと信じている。これはあなたの自我の間違いだと請け合える。それを謙遜と思い違いなどしないでおくように。自我は自我が本物で私は本物ではないとあなたを説得しようとしている、もし私が本物ならあなたも同じように本物だということになるのだから。そうした知識、もちろんそれこそ知識であるのは確かだといっておくし、それはキリストがあなたの心の中に来てその心は癒されたという意味である。

私は自我を攻撃したりなどしない。私は、あなたが眠っていようと目覚めていようと、聖霊の住み処であるあなたの高等な心と共に働いているのは確かであり、これはちょうど自我がみずからの住み処であるあなたの下等な心と、時を選ばず働いているのと同じだ。私は寝ずの番を引き受けているようなもの、それはあなたが混同しすぎていて、自分自身に希望をもたらすものに気づけないからである。私は間違っていないと確信している。あなたの心は私の心に合わせることを選ぶようになるし、我々が一緒になれば何ものにも負けない。あなたはきょうだいと、私の名によって和解するだろうし、自分の正気を回復するであろう。私は、生命は生きておられる神に創造されたあらゆるものの永遠の属性であるとわかっているので、死者をよみがえらせた。あなたはなぜ、私が気力をくじかれた者に気力を取り戻させたり、気持ちのぐらついている者を落ち着かせたりするのは難しいとなど信じるのだろうか。奇跡にはその難しさに順序があるとなど私は信じないが、あなたは信じている。私はすでに呼びかけたので、あなたはそれに答えるようになる。奇跡は愛の表現であるから、自然におこると私にはよく分かっている。私があなたに呼びかけるのは、あなたがそれに答えるのと同様に自然なことであり、またどちらも必然的なことである。

五　自我とからだの錯覚

ものごとはすべて、よいことをもたらすために役立つ。それには、自我の判断にしたがったときいがいは、一つも例外はない。自我は何を自覚させるかということについて最大限の警戒をしようとするが、こんなやり方で平静な心を保てるものではない。自我は自我の主な動機をあなたに自覚させないようにしようとして、正気よりも抑制することで支配しようとするので、すでに欠けている平静さをなお一層失ってしまう。自我がこのようにするのはもっともなこと、自我を生じまたその自我が仕える思考体系にしたがえば他にやりようがない。正気で判断すれば自我に反対するようになるのは必然的、だからこそ自己保存のためには、それを消してしまおうと自我は必死になるのである。

自我が平静を失った状態になるおもな原因は、からだと神の御思いとを識別する力に欠けているということ。神の御思いは自我には受け入れられない、それは自我そのものが存在しなくなることをはっきり指すのだから。したがって自我はそれを歪めてしまうか受け入れないと拒否するか二つに一つ。しかしながらそれを存在しないようにさせることはできない。したがって自我はからだに感じる「受け入れたくない」衝動だけでなく神の御思いをも隠したがる、いずれも自我に脅威を抱かせるものであるから。自我はそうした脅威に面して、まず何よりも自我そのものが生きながらえることを心配して、両方とも同じものだと知覚する。その二つを同じだと知覚することで、自我はまさに心を奪われてしまわないようにしようと試みる、でなければ知識の面前にいるのは確かだろうから。

神とからだとを混同する思考体系は、どれも気違いじみたものに違いない。けれどもこうした混同は自我にとっては絶対に必要だ、自我はただ自我そのものにとって脅威になるかならないか、その点からみた上で判断する。ある意味では少なくとも自我が神を恐れるのは当然といえる、神の想念が自我を追い払うのは確かであるから。しかし、自我はからだとかなり深い一体感をもっていながら、そのからだを恐れるというのは全然つじつまが合わない。

からだは自我が選んで自我の住み処としたもの。自我が安全だと感じることができるのはからだと一体感をもつときだけだ、それというのもからだが傷つけられやすいということは、自我があたは神に属するものであるはずがないという、一番いい論証になるからである。自我はこうした信念をしきりに後押しする。それにもかかわらずからだをひどく嫌うのは、自我の住み処とするのに充分だとしてそれを受け入れられないからだ。こんな状態において、実のところ心はぼうっとなってわからなくなる。自我が言うには心は本当にからだの一部であり、そのからだが心を保護してくれるはずだが、その一方でからだは心を護ることなどできないとも言い聞かされたからである。そこで心が「護ってもらうためには、一体どこへいけばいいのだろうか」と尋ねると、自我は「こっちに向けばいい」と答える。そこで当然ながら心は、自我はみずからからだと一体感を持っていると主張したので、それならそんなものを頼みにして護ってもらおうとするのは無意味だと自我に気づかせようとする。自我はこれに対してまともに答えられない、答えられるはずがないのだから、しかし、いかにも自我らしい解決法を持っているのはたしかだ。自我は心にそうした質問を忘れさせようとする。いったんそんな質問のことを忘れたとしても、それが不安を生じることはあるし、確かに不安を感じさせる、しかしそれを質問できないので、答えてもらうこともできない。

聞かなければならないのは、「護ってもらうためには、一体どこへいけばいいのだろうか」という質問である。「探せ、そうすれば見出す」といわれているが、それは盲目的に必死で、自分に見分けのつかないようなものを、捜し求めるべきだという意味ではない。有意義に何かを捜し求めるには、それに意識的に取り掛かり、意識的に計画に従って準備し、意識的にそれに向かうことである。その目標というものをはっきりと明確にうちだしたうえで、心の中に留めておかなければならない。学ぶことと学びたいと望むことは分かつことのできないことだ。学ぼうとしていることが自分にとって価値のあることだと信じたとき、一番よく学べる。しかしながら、あなたが学びたいと思うことに、ことごとく永続するような価値があるとはいえない。実のところ、あなたが学びたいと思うことは、そのようなものの価値は持続しないからこそ選んだものが多いかも知れない。

自我は何であれ永遠につづくものには、あとで避けられないような約束などしないほうが有利だと考える、永遠であるものは神からくるに違いないのだから。永遠であるということは自我が発達させようとする機能の一つだが、それは何度やっても決まって達成しそこねている。自我は永遠であるものの問題点についてはは妥協しようとする、それはちょうど本当の問題にいくらかでも触れるすべての問題点について妥協しようとするのと同じだ。本題からそれた問題点とかかわることで、本当の問題そのものを隠し、心に気づかせないですむようにと望んでいる。重要でもないことで忙しそうにするのは自我の特徴だが、それはまさにそんな目的のためだ。解決できないように仕組まれた問題などに夢中になるのは、自我が学習の進歩を妨げるために使う得意の手だて。しかしながら、こうして注意をそらせる多くの策略を使おうとする者たちがまだしていない質問が一つある、それは「何のためなのだろうか」という質問。あなた自身あらゆるものに関してつぎの質問ができるようにならなければいけない。何が目的なのだろうか、と。それは何であれ、あなたが努力すべきことにそれが自動的に向かわせてくれるだろう。あなたが目的を決めると、その時それから先、努力すべきことを決心したことになり、その決心はあなたが自分の心を変えないかぎり、有効なものとなる。

六　神からの褒美

自我は「脅威」を抱かせる本当の根源には気づかないし、もしあなたが自分自身を自我と結びつけて考えるなら、あなたにはこうした事態をあるがままには理解できない。ただあなたの自我にたいする忠誠心が、自我にあなたを支配する力を与えるにすぎないのだ。私はそうした自我がまるで分離したものであり、独自の考えで行動しているかのように話してきた。これは、あなたに自我をあっさりと心から去らせることはできないと納得させ、いかにあなたの考え方は自我に指図されているか、それを悟らなければならないと、あなたを説得するために必要だった。しかしながら、自我とはそんなものだからと見逃しても差し支えないというわけではない、それではあなたがここにいるかぎり、というよりここにいると信じているかぎり、自分は必然的に矛盾していると見なしてしまうだろう。自我とはただあなたが自分自身について信じていることの一部にほかならない。あなたのもう一つのいのちは中断することなく続いており、いままであなたがそれを自分から切り離して考えようとしても全然、影響されなかったように、これからも決して影響されることはないだろう。

錯覚から逃れることができるようになるにつけ、あなたは自分のきょうだいに負うところがあることを決して忘れてはならない。それは私にたいして負うところがあるのと同じだ。あなたはだれかにたいして利己的な行動をとるたびに、その人に恩義を感じて好意的にもてなすことと、そうすることが生み出す神聖な知覚のしかたを捨てている。「神聖」という用語がここで使えるというのも、あなたが私を含む御子としての身分全体にたいしていかに負うところがあるか分かるようになるにつれ、あなたは知覚できるいちばん近くまで知識に近寄れるからである。そこでは隔たりはほんのわずかなので、知識は容易にそこを横切って、そんな隔たりを永久に忘れ去らせることができる。

今のところあなたは、私をほんの少ししか信頼していないが、自我のほうに向く代わりに、もっとたびたび私のほうを向いて指導を求めるようになるにつれて、徐々に私を信頼するようになる。その結果ますますあなたは、正気で選べばこうすることしか自分にはできないと納得するようになる。だれにせよ、あることを選んだ結果それが平安と喜びとをもたらすが、別のことを選んだら大混乱とひどい苦痛とをもたらすということを経験から学んだ者には、付け加えて説得する必要はない。いわば何かの褒美をもらいながら学ぶほうが苦痛をとおして学ぶよりもより効果的だ、苦痛は自我の錯覚であって、絶対に一時的な効果しか引き出せないのだから。しかしながら神からの褒美は永遠だとすぐに気づく。こうした再認識は自我ではなくてあなたがするのだから、再認識するということ自体、あなたとあなたの自我とは同一ではありえないということを確証する。すでにこの違いを受け入れたと自分では信じているかも知れないが、まだまだそれを本当に納得したわけではない。そうでないということは、あなたが自我から逃れなければならないと信じている事実でわかる、だがその自我からは、卑しめてみたり、制御したり、罰を加えたりしても逃れられはしない。

自我と霊とはお互いを知らないのである。分離している心は解離することでしか、分離状態を維持することはできない。こうしたからには、その心は本当に自然におこる衝動をみな否定する、それは自我が分離したものだからではなくて、あなたが自分は分離していると信じたいからだ。自我はこんな信念を維持するための手だてではあるが、それを持ちこたえさせるのは、いまだにそんな手だてを使おうとするあなたの決心だけである。

あるひとが何かを故意に投げ捨てたとすれば、その何かの価値そのものをどうしてその人に教えられるだろうか。その人はそれの価値を認めなかったからこそ、捨てたに違いない。ただ、その人にその何かがないことで自分がどんなにみじめな思いをしているか分からせることはできるし、それをゆっくりと近付ければ、その人はそれに近寄るにつれて、みじめな気持ちがどれほど和らぐか分かるようになる。これはその人に、自分がみじめなときにはその何かがないことと結びつけて考え、またみじめでないときにはその何かがあるからだと考えるように教える。その人がその何かの真価について自分の心を変えるにしたがい、それはしだいに望ましく思えてくる。私はあなたに、みじめな思いを自我と結びつけ、よろこびを霊と結びつけて考えるように、教えようとしている。あなたはその逆を自分に教えたのだから。今でもあなたは自由に選べる、しかし神からの褒美を目前にしながら、本当に自我の報いをほしいと思えるだろうか。

今のところ、私はあなたが私を信頼している以上にあなたを信頼しているが、いつまでもそのままだと言うわけではない。あなたの使命はじつに簡単なものである。あなたは自分が自我ではないと実証する生きかたをするようにと頼まれているのであり、私は神の表現経路となるものを間違って選ぶようなことはしない。聖なる御方は私の信頼を分かち合ってくださり、私が意図することはその御方が意図なさることと必ず一致するので、私の贖罪についての決断をも受け入れてくださる。前にも述べたように、私が贖罪の責任者である。それはただ私が贖罪において自分の果たすべき役割を一個の人間として完了したし、こんどはほかの者たちを通してその贖罪を完了できるからだ。私が選んだ神の表現経路たる者たちは失敗することはない、その人たちの力が足りないなら、私がいつでも力ぞえするつもりでいるのだから。

　聖なる御方のところへは私が一緒に行くつもりでいるし、私の知覚を通してその御方はわずかな隔たりに橋をおかけになれる。きょうだいにたいするあなたの感謝の思いだけが、私にとっては何よりの贈り物となる。あなたの為にそれを神のところへ持っていくことにする、自分のきょうだいを知ることこそ神を知ることだとわかっているから。もしきょうだいに感謝するなら、神が創造なさったものにたいして神に感謝していることになる。感謝の念を抱くことで自分のきょうだいだとわかるようになるし、一人残らずみなあなたの御父にぞくするので、一瞬でも本当にそう認めることで誰もがみんなきょうだいとなる。愛はすべてのものを克服することはない、しかしすべてのものごとをあるべきすがたにするのは確かだ。あなたこそ神の国であるから、私はあなたを自分の創造したもののところへ連れ戻せる。今のところあなたは自分でそれを見分けることはできないが、切り離されていたものはまだそこにある。

あなたがあるきょうだいに近付くにしたがって、あなたは私に近寄っているのであり、その人から退くにしたがって、私との間に隔たりがあるように思えてくる。救いとは、いわば協力し合って為し遂げるべき冒険ともいえる。それは御子としての身分から自分を絶縁する者たちには、首尾よく取り掛かれることではない、私との縁をも切ろうとしているのだから。神は、あなたがきょうだいたちに神を与えようとするにつれてあなたのもとへ来てくださる。まずきょうだいたちから学べば、あなたは神に耳を傾ける心構えができることだろう。御愛の役目は一つであるから。

七　創造と意思の疎通

自我の錯覚にあらわれる個々の内容は重要ではないが、それを正すには特定の情況にそっておこなうほうが、もっと役立つということもはっきりしている。自我の錯覚はきわめて特定なものだが、心は本来抽象的なものだ。しかしながら、そうした心が分裂すると、その一部は具象的になる。その具象的な部分が自我を信じているわけだが、それはその自我が具象的なものに依存しているからだ。自我は、あなたの存在は分離したものと限定されていると信じている心の部分である。

自我は、すべてのものはそれぞれ一つのものとして分離して成り立っており、存在を暗示するつながりなどないと知覚する。だから自我は意思の疎通をすることに反対するが、分離状態を完全になくすためではなくて、それを確定するために利用するときにかぎって例外だとする。自我の意思の疎通体系は、それが規定するほかのあらゆることと同様に、独自の思考体系に基づいている。自我が意思の疎通をするときは、自我そのものを護る必要性によってそれを抑制し、脅威を感じだしたときには意思の疎通を中断させる。このように中断するというのは、ある特定の人あるいは何人かの人たちにたいする反応としてである。特定な目的をもった自我の考え方は、結果的にもっともらしい一般論を生じるが、実のところ到底抽象的といえるものではない。単に何らかの関連があると知覚するあらゆるものに対して、ある特定な方法で応じるだけである。

それと対照的に、霊は真実だとわかっていることにはそのすべてに同じやり方で反応し、ほかのことには全く応じようとしない。それに霊は、真実であるものをなんとか確証しようと試みることもない。真実であるものとは神が創造なさったあらゆるものだとわかっている。霊は創造されたもののあらゆる面と、完全にそして直に意思の疎通をおこなっている、霊は御創造主と完全にそして直に意思の疎通をおこなっているのだから。こうした意思の疎通こそ神の御意志そのものといえる。創造と意思の疎通とは同じことを表している。神は御自身の御心を伝えることでそれぞれの心を創造なさり、こうしてそれを御心と御意志とを感受する表現経路として永久に確立なさった。ただ同じ階級に実在するものたちだけが、本当に意思の疎通をすることができるのだから、神の創造なさったものが神と御自身に似たものと意思の疎通をするのは当然といえる。こうした意思の疎通は完全に抽象的、というのも伝えようとする資質は普遍的に当てはまるものだし、どのようにであれ判断をくだされたり、例外とみなされたり、部分的に変更されたりすることはないからだ。神はこのようにしてまたこのためにこそあなたを創造なさったのである。心は与えられている役目を歪めることはできるが、与えられていない役目を自分勝手に授かったとすることはできない。だから心は意思の疎通をする能力を全部失うことはできない、ただしそれを実在するために利用するのを拒否することはあるかもしれない。

存在することと実在することは、ともに意思の疎通に基づく。しかしながら存在するには、特定のやり方でどのように何についてだれと意思の疎通をする価値があるかどうかを判断する。実在するにはこのような区別など全然しない。それは心が実在的なものすべてと意思の疎通をおこなっている状態そのものである。あなたがこうした状態をある程度まで削がれるままにするなら、あなたは自分の実在をその程度のものだと制限しているのであり、それは、全実在は本当に自分とつながっていて、栄光に満ちた情況にあると気づくことによってのみ完全になる。これこそあなたの実在である。冒瀆したり、後ずさりしたりしないように。それはあなたの本当の生家であり本当の神殿であり本当の真の自己である。

実在するものすべてを包含しておられる神は、その実在するものを、それぞれにあらゆるものを持っているばかりか、自分の喜びを増すためにそれを分かち合いたいという望みを持つように創造なさった。実在的なものは一つ残らず、分かち合うことによってのみ増すことができる。だからこそ神はあなたを創造なさったのである。神々しい抽象概念たるお方は分かち合うことに喜びを見いだされる。これこそ創造が意味すること。「どのようにして」とか「何を」とか「だれに」とか、そうしたことは無関係だ、なぜなら真の創造はただそれ自体と同じように創造できるだけで、あらゆるものを与えるのであるから。神の国では「何かを持つ」というのと「何かである」ことにはなんの違いもないのであり、そうした違いはただ存在するうちにあるということを思い出してほしい。実在する状態においては、心はつねにあらゆるものを与えるのである。

聖書には、神を賛美すべきだと繰り返しはっきりと書かれている。だがこれは神に対して、いかに素晴らしい神であるかを言うべきだという意味ではない。神はそのような賞賛を受け入れる自我や、そうした賞賛を審くのに要する知覚力を持ってはいらっしゃらない。しかしあなたが創造におけるる自分の役割をつとめないかぎり、あなたの喜びは不完全なので、神の喜びも完全ではない。神はこうしたことをよくわかっていらっしゃる。神自身、自らのうちに生じている様子をわかっていらっしゃるし、そのうえ御子がどんな経験をしているのか、それもわかっていらっしゃる。神の表現経路が閉鎖しているときには、絶え間なく注がれている御愛はさえぎられており、御自身の創造なさった心が十分に意思の疎通をしようとしないときには、寂しい思いをなさるのである。

神はあなたの国をそのままに保っていてくださる、しかしあなたが自分で心の底からそうだとわかるまで、神は御自身の喜びをあなたと分かち合われることもできない。啓示で十分だといえないのは、それがただ神からの一方的な意思の疎通にすぎないからである。受けた啓示を神に戻す必要はない、それはたとえそうしようとしても不可能であることははっきりしている、しかしそうした啓示をほかの人たちにもたらすようにと望んでおられるのは確か。これは実際の啓示をもたらすということはできない、その内容を表現することなどできはしない、そうした啓示はそれを感受する心にとって極めて個人的なものなのだから。しかしながらその心によってそれをほかの者たちの心へと戻すことはできる、すなわちそうした啓示がもたらす知識を態度で示せるということである。

神は、だれかの心がただただ本当に役立とうとするようになるたびに、賛美をうけておられることになる。悪意を全部無くしなければ、役立てるようになるのは不可能だ、二つの信念が共存するに相違ないのだから。真に役立とうとする者たちは傷つけられることはない、なぜなら自分の自我を護ろうとしてはいないので、傷つけることができるものは何ひとつないからである。その人たちが助けになっているということは神を賛美することであり、その人たちは神に似ているので神はその賛美をそのまま戻してくださり、その人たちはともに喜び合える。神は御自身を、その人たちへ、そしてその人たちを通して注がれるので、神の国のすみずみまで大きな喜びに満ちている。変わることを選んだ心はどれもみな、自ら進んでその喜びを分かち合いたいという思いがあるので、その喜びに加えることになる。本当に役に立つ者たちは神にぞくして奇跡をおこなう者たちであり、私がその人たちをみんなが神の国にいるという喜びのうちに一つに結ばれるまで指導する。私は、どこへでもあなたが本当に手助けできるところへと向かわせ、だれでもあなたを通じて、私の導きにしたがうことのできる人の所へと差し向けるつもりである。

第五章　癒しと完全なすがた

序論

癒すとは幸福にすることである。私は、あなたに自分自身を喜ばせる機会が何度あったか、そのうち何度、拒否したか考えてみるようにと言ったことがある。これは自分自身を癒すのを拒否したのはあなただと言っているにひとしい。あなたにふさわしい光は喜びの光そのもの。ひかり輝くすがたは悲しみとは結びつかない。喜びはそれを進んで分かち合いたいと思う融和した気持ちを呼び起こし、心が自然にはずんで一つになって応じるようにさせる。自分が完全な喜びに満たされないままで癒そうと試みる者たちは、さまざまな反応を同時に呼び起こしてしまい、そのためにほかの人たちの一意専心の思いで応ずる喜びを奪うことになる。

一意専心となるには幸福でなければならない。もし恐れと愛は共存できないとすれば、そしてもし恐怖におののきながら生き延びることは不可能なら、唯一可能な完全な状態とは愛の状態である。愛と喜びには何の違いもない。したがってその唯一可能な完全な状態とは全くの喜びに満ちている。癒すとか喜ばせるとは、つまり融和し一つになるのと同じことだ。だから御子としての身分にある者たちのうちの、だれに癒しが差し伸べられるとか、だれがそれを差しのべるかで違いを生じることはない。それぞれみんな恩恵をこうむり、それも平等に恩恵をこうむることになる。

あなたのきょうだいがどこにいるにせよ、そのだれかの慈愛心に富む思い一つ一つにあなたは祝福されている。それにたいしてあなたも感謝の念から、きょうだいたちを祝福したいと思うだろう。互いに相手を個人的に知る必要はない。その光はひじょうに強いので、御子としての身分にある者たちみんなのなかで輝き、御父に御自身の喜びをみんなの上に輝かせてくださっていることを感謝する。神の聖なる子どもたちだけが神のすばらしい喜びを表現する経路となるにふさわしい、その子どもたちだけが十分に素晴らしいので、その喜びを分かち合いつつ持ち続けられるのだから。神の子どもは隣人を自分自身と同じようにしか愛せない。だから癒す者の祈りはつぎのようになる。

自分のことが分かるように、
このきょうだいのことも分からせてください。

一　聖霊への招待

　癒しは、二つの心が自分たちは一つであると気づいてうれしく思うこと。こうしたうれしい思いが、御子としての身分をもつだれもがみなその二つの心と共に喜び、神がそうした心のなかへと、またその心を通じて赴かれるにまかせるようにと呼びかける。癒された心だけが永続的な影響をともなう啓示を経験できる、啓示は純粋な喜びを経験することなのだから。もしあなたが完全な喜びに満たされることを選ばないのなら、心は自ら選んでいないすがたを持てるはずがない。霊は「何かを持つ」のと「何かである」のと、その違いが分からないということを思い出してほしい。高等な心は霊がしたがう法則に準じて考える、したがって神の法則のみを尊ぶ。霊にとっては何かを手に入れることなど無意味であり、与えることにのみ意味がある。あらゆるものを持っているので、霊はそれを与えることによって保持し、こうして御父が創造なさったように創造する。こうした考えかたは、物を持つという普通の考えとは全くかけ離れているとはいえ、想念に関しては、下級の心にさえよく理解できることだ。もしあなたが物質的な所有物を分かち合うとすれば、たしかにその所有権を分割することになる。しかしながら、もし想念を分かち合うとすれば、それを少なくすることにはならない。たとえ想念を全部だれかに与えたとしても、それはみなまだ自分のもの。更に、もしあなたが想念を与える相手がそれを自分のものとして受け入れるなら、その人はあなたの心のなかでその想念を強化し、かくして増すことにもなる。もし、この世は想念の世界だという概念を受け入れることができれば、与えることは失うことだと自我が間違って結び付けて信じていることは全部なくなる。

再び目覚めるための過程を、まず簡単な概念をいくつか述べることから始めよう。

思いというものはそれをだれかに与えることによって増える。

そうした思いを信じる者が多くなるにつれてその思いも強くなる。

あらゆるものはことごとく想念である。

では、どうして与えることと失うことを結び付けて考えられるだろうか。

これは聖霊への招待である。すでに述べたように、私はあなたのために聖霊を連れてこられるが、これはただあなた自身の招待があればできるということ。聖霊は私の正しい心のなかにあったように、あなたの正しい心のなかにある。「たがいに、イエズス キリストの心を心とせよ」と聖書は言っており、これを、祝福を与える祈りとしても使っている。それは奇跡を行おうとする気持ちになるようにとの祝福の祈り。あなたも私が考えたように考え、私と一緒にキリストの考え方をするようにと頼んでいるのである。

三位一体のなかで象徴的な役目をもっているのは聖霊だけである。聖霊は御癒し主、御慰め主、御案内役などと呼ばれている。御父と御子から「分離した」別の何かのようにも描かれている。「私が行けば、私はあなたにほかの御慰め主を送り、その御方があなたとともにとどまるだろう」、と私自身いった（訳注・日本語の聖書では「父は、ほかの弁護者をあなたたちに与え、永遠に一緒にいさせてくださる」とある）。聖霊の象徴的な役目は聖霊を理解しにくくしてしまうが、それは象徴的な意味は異なった解釈をされる余地があるからだといえる。一個の人間また神に創造されたものとして、私の正しい考え方は聖霊または普遍的霊感たる御存在からきたものだが、その考え方がまずまっ先にこの御霊感はみんなのものだと教えてくれた。このことを知らずには、私自身その御霊感を持てなかっただろう。「分かる」という言葉はこうした情況にあてはまる、なぜなら聖霊は知識に密接しているのでそれを呼び起こすし、さらによいことにはそうした知識を来させるからである。私は以前、高等な知覚または「真の」知覚について述べたことがあるが、それはきわめて真理に近いので神御自身そうした知覚とのわずかな隔たりをこえて流れることも可能となる。知識はいつもどこへでも流れる用意ができているが、何かに反対することはできない。したがって、あなたはその知識を妨げることができる、とはいえ決してそれを失うことはできない。

聖霊がキリストの御心であり、その御心は知覚を越えたところにある知識を自覚している。聖霊は分離がおきたとき擁護するために存在するようになり、それと同時に贖罪の原理を吹き込もうとしている。それ以前には、わびしい思いをしている者は一人もいなかったので、癒しの必要はなかった。聖霊の御声は贖罪、または心に完全な状態を取り戻させようとする御呼びかけ。贖罪が完了し、御子としての身分にある者がみんな癒されたときには、戻るようにとの呼びかけはなくなるだろう。しかし神の創造なさるものは永遠である。聖霊は神の子たちと共に留まり、御子たちの創造したものを祝福し、喜びの光のなかに保ってくれる。

神は御自分の子どもたちが間違って創造したものでさえ、子どもたちが作ったのだからといって尊ばれたのである。ただし、神は子どもたちを知覚のし方をかなり高いところまで上げられる考え方ができるようにと祝福もされたので、それにしたがえばほとんど神のもとへと戻ることができる。聖霊は贖罪のための御心。その聖霊は唯一の心の状態たるお方に十分近い心の状態を表しており、そこからやっと唯一の心の状態に移ることが可能となる。知覚は知識ではないが、知識へと移してもらえる、あるいは知識の方へ渡ることもできる。ここでは移されるとか「運ばれて渡る」ということばの文字どおりの意味を使えばもっとわかりやすいかもしれない、最後の一歩は神が取ってくださるのだから。

聖霊、すなわち御子の身分にあるみんなが分かちあう御霊感が、ある知覚のしかたをするように仕向け、そのようにして知覚する要素は神の国そのものにある要素に似ているのが多い。

第一に、そうした知覚の普遍性は完全に明白で、この知覚を得た者はだれ一人、それを分かち合うことは自分にとって得になるだけだということを、ただの一瞬も信じて疑わない。

第二に、そうした知覚は攻撃することはできない、したがって本当に開放的だ。ということは、それが知識を生じさせるわけではないが、どのようにも知識を妨げることはない。

最後に、こうした知覚のしかたはそれがもたらす癒しを越えた道を指し、心を自らが統合されることだけに留まらず、創造の方向へと導くことになる。この時点で十分何度も変化が起きて、実質的な移行を生じる。

二　神に代わって話す御声

癒しは創造することではなくて、修復することである。聖霊はそうした癒しを越えて、癒しを必要とするようになる前の神の子どもたちのすがた、そして癒されたときになるすがたとを見つめることによって癒しをはかどらせる。こうして時間の順序を変更するのは耳慣れないことではないはず、それは時間を知覚することに奇跡が導入する移行とよく似ているのだから。聖霊は奇跡を行おうとする気持ちになるための動機ともいえ、分離を手放すことによって癒すという決心である。あなたの意志は神がそれをあなたの心のなかに置かれたのだから、まだそこにあり、あなたはそれを眠らせておくことはできるが忘却することはできない。時間がつづくかぎりは、神御自らあなたの意志を御心からあなたの心へと送り伝えて生かしておいてくださる。奇跡そのものは御父と御子とのあいだにあるこうした意志の結び付きを反映している。

聖霊は喜びの霊である。聖霊は戻るようにと呼びかける御声であり、これによって神は御自分の分離した御子たちの心を祝福された。これこそ神から召された心の使命。分離がおこるまで、心はなすべき務めに駆り立てられることなどなかった、それ以前は心はただ実在していただけで、正しい考え方をするようにとの呼びかけなど理解できなかっただろうから。聖霊は分離にたいする神の御答えであり、完全な心が創造することに戻るまで、贖罪が癒すためにつかう手だてである。

贖罪の原理と分離は同時に始まった。自我が作られたとき、神は心のなかに喜びへの呼びかけをするものをおかれた。この呼びかけはかなり強いので、自我はその響きで必ず消え失せる。だからあなたは自分のなかにある二つの声のうち、どちらを聞くか選ばなければならない。一つは自分自身で作ったのであって、神のものではない。しかしもう一方のは神から与えられたもので、神はあなたにただこの声に耳を傾けるようにと頼んでおられる。聖霊は、きわめて文字どおり、あなたのうちにある。聖霊の御声はあなたに、前に自分がいたところで、再びいることになるところへ戻るようにと呼びかけている。この世のなかでも、その御声だけを聞いて、ほかの声を聞かずにいることはできる。それには、努力と学びたいというかなりの意欲とを要する。それが私の最後に学んだことだったし、神の御子たちは子としても学ぶ者としても平等である。

あなたはまさに神の国そのものである、しかしあなたは自分の心に暗闇を信じさせてしまったので、新しい光を必要としている。聖霊は輝きそのものであり、それに暗闇についての想念を追い払わせなければならない。聖霊の輝きは神の栄光そのものであって、それを前にしては意識の解離(切り離して考えていたこと)はなくなり、神の国はそれにぞくするもののなかへと入り込める。分離が生じる前は、あなたは導かれる必要などなかった。それまでは、またそのうち分かってくるようになることを、ちゃんと分かっていたが、今はそのように分かっているとはいえない。

神は導くということはなさらない、神はただ完全な知識を分け与えてくださるだけであるから。指導するとは評価するということ、それは何につけ正しいやり方と間違ったやり方があり、一方を選びほかのは避けるべきだという意味だから。一つを選べばもう一つを放棄することになる。聖霊を選択するとは、すなわち神を選択するということ。文字どおりの意味では、神はあなたのうちにおられるのではなく、あなたが神の一部分である。あなたが神から離れることを選んだとき、神はもはや御自分の知識を何のじゃまもなしにあなたに分け与えようにも、それができないので、御自分に代わって話す御声をあなたにお与えになった。直に意思の疎通をおこなうことは、あなたがもう一つ別の声を作ったので中断してしまったのである。

聖霊はあなたに思い出すようにと呼びかけもし、また忘れるようにとも呼びかける。あなたは対立する状態にとどまることを選んだので、そこには相反するものごとが有り得る。その結果、あなたには選択する必要がある。神聖な状態においては意志は自由、だからその意志の創造力には限界がないし、選択することに意味はない。選ぶ自由は創造する自由と同じ力だが、それの適用法に違いがある。選ぶということは分裂した心に左右される。聖霊は選ぶための一つの方法。神は御自分の子どもたちが、自分から選んで神から離れたにもかかわらず、その子どもたちを慰みのないままにはなさらなかった。子どもたちが自分の心に入らせた声は神の御意志に代わって話す御声ではなかったが、その御意志のためにこそ聖霊は話そうとする。

聖霊の御声は傲慢にはなれないので命令することはない。支配しようとはしないのだから要求することもない。攻撃などしないので、圧倒して負かすこともない。それはただ気づかせようとするだけだ。思わず釣り込まれそうになるのは、ただそれがあなたに何かを思い起こさせるからである。その御声はあなたの心に別の方法を思い出させ、あなたが自分で混乱を生じたとしても、そのさなかでさえ穏やかさを保っている。神に代わって話す御声はいつも穏やかだ、その御声は平安について話すのであるから。平安は癒すので、戦うことよりも力強い。戦いは分割するので、増やすことにはならない。争うことで何かを得る者など一人もいない。たとえ全世界を手に入れても、自分自身の霊魂を失ったら、それが何のためになるだろうか。もしあなたが間違った声に耳を傾けるなら、自分の霊魂を見失っているのはたしかだ。それを失うことはできないが、知らないでいることはありえる。したがって、あなたが正しい選択をするまでは「失っている」も同然である。

聖霊はあなたが選ぶために、その御案内役となってくれる。聖霊は、いつも正しい選択を支持して話すあなたの心の部分にいる、その聖霊は神に代わって話すのであるから。聖霊はあなたの中に残っている神との意思の疎通であり、あなたはそれを遮れるが、壊すことはできない。聖霊はいわば手段であり、それによって神のみ旨が天に行われるがごとく、地にも行われるのである。天と地とは両方ともあなたのうちにある、あなたの心のなかにはどちらへの呼びかけもあるのだから。神に代わって話す御声はあなた自身の神への祭壇からくる。こうした祭壇とはかたちある物ではなくて、心を捧げて打ち込むことをいう。しかしあなたは今のところ、他のことにも心を捧げている。別々のものに心を捧げたことがあなたに二つの声を与えたので、どちらの祭壇で自分は仕えたいのか、それを選ばなければならない。今あなたが呼びかけに答えるのは決心することであるから、評価するということ。決心するのは実に簡単だ。どちらの呼びかけが自分にとってもっと価値があるか、それにもとづいて決めればいい。

私の心はいつもあなたの心と同じになる、我々は同等のものとして創造されたのであるから。天と地におけるすべての力を私に与えたのは、ただ私自身の決心にすぎない。私からあなたへの唯一の贈り物は、あなたが同じ決心をするように手助けすることだ。こうした決心をするのは私の決心を分かち合うのを選ぶということ、その決心自体、まさに分かち合おうと心を決めることであるから。そうした決心は与えることによってなされる、したがってそれは真の創造に似た一つの選択といえる。私はあなたが決心するための模範となる。神を支持すると決めることで、私はあなたにこう決心するのは可能であり、あなたにもそれができるということを示した。

私のために決めた御心はあなたの中にもあり、その御心が私を変えたように、あなたもそれに自分を変えてもらえるということを、私はあなたに保証した。この御心はあいまいなものではない、ただ一つの御声を聞き、ただ一つのやり方でそれに答えるだけなのだから。あなたは私と共に、この世の光である。安息は眠りにつくことで得られるのではなくて、目覚めることで得られる。聖霊こそ目覚めて喜ぶようにとの呼びかけである。この世はかなりくたびれている、この世は気力を失わすような想念そのものであるから。我々の仕事は、神を選ぶようにとの御呼びかけにたいして、この世を目覚めさせるという喜ばしい仕事だ。だれもがみな聖霊の御呼びかけに答えるようになる、でなければ御子としての身分にある者は一つになることができない。神の国のだれにとっても、その国を完全なものにできるほど申し分なく融和したすがたに戻す仕事をおいて、何よりの天職だといえることがあるだろうか。ただこのことだけをあなたのうちなる聖霊を通じて聞き、私があなたに教えているように、きょうだいたちにも耳を傾けるようにと教えてほしい。

あなたが間違った声にそそのかされたときには、私を呼んで、私の決心を分かち合いそれを強めることによって癒す方法を、思い出させてほしいと私に頼むことである。我々がこうした目標を分かち合うにつれて、我々は私の決心がもつ御子としての身分にあるものみんなを引き付ける力を増していき、一つのものとして創造されたもとの状態に全員を連れ戻すことになる。「くびき」は「一つになるようにつなぐもの」を意味し、「荷」は「伝言」を意味することを思い出してほしい。そこで「私のくびきは快く、私の荷は軽い」と聖書にあるのを次のように言い換えることにしよう――「つながって一つになろう、私の伝言は御光なのだから」、と。

私が振る舞ったように、あなたも振る舞うようにと申しつけておいたが、こうするには我々が同じ御心に応じなければならない。この御心が聖霊であり、聖霊の御意志はいつも神を支持する。聖霊は、あなたに私を模範にして考え、その結果として私と同じように振る舞うにはどのようにすべきか教えてくれる。我々が心を合わせてやる気になれば、その力は信じがたいほどのものだが、為し遂げられないものではない。我々が一緒に為し遂げられることには何の制限もない、その神への御呼びかけは無限であるものへの呼びかけであるから。神の子よ、私の伝言はあなたへの伝言である、自分の内なる聖霊に答えつつ、それを聞き入れてほかの者にも伝えてほしい。

三　救いへの御案内役

あなたのきょうだいを見分けるには、そのきょうだいの中にある聖霊を見分けることである。すでに私が述べたように、いわば聖霊は知覚から知識へ移すための橋、だから知覚と知識ということばは関連があるものとして使える、聖霊の御心のなかではその二つはすでに関連しているのであるから。このつながりは聖霊の御心のなかにあるに違いない、そうでなければ二つの考え方の間の分離は癒されそうにない。聖霊は三位一体の一部でもある、というのも聖霊の御心は部分的にあなたのものであり、また部分的に神のものでもあるからだ。これは言葉ではなくて経験を通してはっきりさせる必要がある。

聖霊は癒すための想念。心の中で思いついたことなので、そうした想念は分かち合うにつれて増していく。神への御呼びかけなので、それは神の想念でもある。あなたは神の一部なのだから、そうした想念はまた自分自身の想念であり、同様に神が創造なさったもののすべての想念ともいえる。聖霊のそうした想念は、御宇宙の一部分としてその法則にしたがうので、ほかの想念の特性をも分かち合っている。それをほかのものに与えることによって、その強さを増していく。あなたがそれをきょうだいに与えるにしたがって、自分のなかで増えていく。こうした奇跡が起きるためには、必ずしもきょうだいが自分自身、あるいはあなたのうちにある聖霊に気づいている必要はない。そのきょうだいは、ちょうどあなたがそうであったように、神への御呼びかけを切り離して考えていたかもしれない。このように切り離して考えることは、あなたがそのきょうだいの中にある神への御呼びかけに気づいて、それが実在すると承認するようになれば、二人のなかで癒される。

あなたのきょうだいを見るのに、全く反対の二つの見方がある。その両方ともあなたの心のなかにあるに違いない、あなたが知覚しているのだから。また両方ともその相手の心のなかにもあるに違いない、あなたがその人を知覚しているのであるから。きょうだいの心のなかにある聖霊を通じて、そのきょうだいを見るようにすれば、自分の心のなかにある聖霊を見分けられるようになる。あなたは自分のきょうだいのなかにあると承認するものを、自分自身のなかにもあると承認することになるし、分かち合うものを強めることになるのである。

聖霊の御声はあなたのなかでは弱々しい。だからあなたはそれを分かち合わなければならない。その御声を聞くことができるようになるには、それを強くする必要がある。その御声が自分の心のなかで本当に弱いあいだは、それを自分自身のなかで聞き取るのは不可能だ。御声そのものが弱いわけではないが、それを聞きたくないという自分の思いで制限しているといえる。もしあなたが自分のなかにのみ聖霊を捜そうとするような間違いをすれば、自我の見方に自分を順応させ、いわば自我を案内役に自我として、異国で旅を始めようとしているようなものなので、自分に思いうかぶ考えに恐怖を感じさせられることになる。こんなことをすれば恐れを生じざるを得ない。

何にせよ手間取らせるのは自我のしわざ、時間は自我のもつ概念であるから。時間や遅れは両方とも永遠の世においては何の意味もない。前に私が述べたように、聖霊が自我にたいする神の御答えである。聖霊があなたに気づかせてくれることは何もかもみな自我の意向とは正反対だ、真の知覚と間違った知覚はそれそのものが相反する見方であるから。聖霊に課せられた仕事は、自我が作ったものをもとどおりにすること。自我が作用するその同じ段階において、聖霊は自我がしたことをもとどおりにする、そうしなければ心はそうした変化を理解することができないだろう。

私が繰り返して強調したことだが、ある段階にぞくする心をそれとは別の段階にある心は理解することはできない。自我と聖霊とはそうした状態にあてはまるし、時間と永遠についても同じことがいえる。永遠とは神の想念である、したがって聖霊はそれを完全に理解できる。時間は自我の信じていること、したがって自我の領域である下級の心は時間をなんの疑問も持たずに受け入れる。時間の見方で、唯一永遠だといえるときは今である。

聖霊は自我の解釈したことと霊のもつ知識のあいだを取りなす役をつとめる。聖霊は何かを象徴するものごとを扱う能力をもっており、自我が信じていることについて自我にわかることばで対処することができる。象徴するものを越えて永遠なるものを見つめる能力をもつ聖霊は、神の法則を理解できるし、その法則を支持して話そうとする。したがって聖霊は自我が作るものを解釈しなおす役目を果たすことができるわけだが、作ったものを破壊するのではなくて、理解することによってそれを行う。理解することは光であり、光が知識へと導びいてくれる。聖霊は光のうちにある、光であるあなたのうちにこそ聖霊はあるのだから、しかしあなた自身は自分が光であるとはわかってはいない。したがって聖霊に課せられた仕事は、神のためにあなたを解釈しなおすことである。

あなたは自分だけを理解することはできない。なぜなら御子としての身分における自分の正当な場をはなれては、あなたには何の意義もないからだ、そして御子としての身分にある者にとって正当な場、あるべきところとは神である。こうあることはあなたの生命であり、永久不滅のすがたであり、真の自己そのもの。このことを聖霊はあなたに気づかせようとする。これを聖霊は見るのである。こうした洞察力でみえるすがたはあまりにも落ち着いているので、自我には恐怖となる。心の平安は自我にとっては一番の大敵、なぜなら自我の実在についての解釈によれば、戦いこそ自我が生き残れることを保証するからである。自我は争いのなかでこそ強くもなる。もしあなたが争いがあると信じたら邪険に反応するだろう、危険にさらされたとの思いが自分の心に浮かんだのであるから。こんな思いそのものが自我に援助を求めていることになる。聖霊は、自我が危険な呼びかけを用心深く警戒し、それを喜んで受けるのと同様に、そうした呼びかけに絶えず警戒を怠たることなく、それに聖霊の力で強く反対する。聖霊は心の平安を喜んで迎えることによって、自我が歓迎するのを押しとどめる。時間と戦いとに深い関連があるように、永遠と平安には深い関連がある。

知覚することは色々な関係から意義を引き出す。あなたが受け入れる関係が自分の信じるものごとの基礎となる。分離とは単に分裂した心をさす別の用語にすぎない。自我は分離の象徴であり、同様に聖霊は平安の象徴である。あなたは他の者たちのなかに知覚する何かを、自分自身のなかで強めている。あなたは自分の心に間違って知覚させるかもしれないが、聖霊はあなたの心にそれが間違って知覚したことを解釈し直させる。

聖霊は申し分のない教師である。聖霊は、あなたの心がすでに理解していることだけを使って、あなたが実のところそのことを理解してなどいないということを教えてくれる。聖霊は気の進まない様子の生徒にも、その人の心に逆らわないで対応することができる、その心の一部はまだ神を支持しているのであるから。自我がこの部分を隠そうとするにもかかわらず、そこはまだ自我よりかなり強い、ただし自我はそのことに気づいてはいない。聖霊は、この心の部分こそ御自らの住み処、つまり心のなかでくつろげる所なので、そこのことを本当によくわかっている。あなたもそこでならくつろげる、そこが平安の場であり、平安は神からくるものなのだから。神にとって重要な部分であるあなたは、神の平安のうちにいなければくつろぐことはできないだろう。もし平安は永遠であるなら、あなたは永遠の世においてのみくつろぐことができる。

自我はこの世を自ら知覚するように作り上げたが、自我の作ったものを解釈しなおす役をもつ聖霊は、この世をあなたを実家へとつれもどすための教えの手だてと見ている。聖霊は時間を知覚し、それを超越したものへと解釈し直す必要がある。相反するものごとを通して働きかける必要もある、反抗している心と共にまたその心のために働かなければならないのだから。誤りを正しそれから学び、心をひらいて学んでほしい。あなたが真理を作ったのではないが、それでも真理はあなたを自由にできる。聖霊が見ているように見て、聖霊が理解するように理解することだ。聖霊の理解力は私を思い出して神を顧みる。聖霊はいつも神との霊的交わりのうちにあり、あなたの重要な部分でもある。あなたを救いへと導く案内役だ、過ぎ去ったことや先のことを記憶にとどめており、そうしたことを現在思い出させてくれるのだから。聖霊はこうしたうれしい思いをあなたの心のなかにそっと留めており、あなたの内なる聖霊の喜びを増すために、聖霊の御名においてそのうれしさを分かち合い、深めるようにと頼んでいるだけである。

四　教えと癒し

恐れがおおい隠している何かはまだあなたの部分。贖罪に加わることこそ恐れから抜け出す道である。聖霊はあなたが自分にとって恐ろしいと知覚するものをことごとく解釈し直す手助けをし、ただ愛に満つるものだけが真実だと教えてくれる。真理はあなたの破壊する力のとどかないところにあるが、あなたの受容力で全部受け入れることができるところにある。真理は、神の拡張たるあなたが神と共にそれを創造したのだからあなたに属する。真理はあなたの重要な部分なのであなたのもの、それはちょうど神があなたを創造なさったので、あなたは神の重要な部分であるというのと同じこと。良いものはそれが何であれ、創造に代わって話す御声である聖霊からくるのだから、失われることはない。良くないものは決して何ひとつ創造されていない、したがって擁護されることもありえない。贖罪は神の国の無事を保証するのであり、御子としての身分にある者たちが一つに結び付くことで護ることになる。その身分にある者たちは団結しているので、自我が神の国に勝ることはできない。心を一つにせよとの聖霊の呼びかけを聞き入れる者たちのまえで、自我は徐々に見えなくなり、ついには取り消されてしまう。

自我は作ったものを自分のために取っておこうとする、だから自我には力がないのだ。その存在を分かち合おうとはしない。死ぬこともない、自我は単に生まれたためしがないのである。肉体的誕生は始まりではなく、継続するもの。継続するものはことごとくすでに生まれている。あなたが自ら進んで自分の心の癒されていない部分を高等な部分に戻すにしたがっては、それは増えていき、分割されてないものとして創造へと戻すことになる。私はその土台となるものをあなたに与えるために来た、だからあなた自身の思いで自分を本当に自由にできる。あなたは、弱すぎて増えることもないような、分かち合われていない想念の重荷をかかえてきたが、そんな想念を抱いたあとで、それをどのようにして取り消せばいいのかわからなかった。過去の間違いを自分ひとりで、なかったものとすることはできない。それは贖罪なしでは心から消え失せないし、この贖罪はあなたが作った救済策ではない。贖罪は純粋に分かち合う行為だと理解しなければならない。この世でも一つの御声に耳を傾けることはできると私が述べたとき、それを言いたかった。もしあなたが神の重要な部分であり、御子としての身分にある者たちが一つであるなら、あなたが自我の見る自己として限られてしまうはずはない。

御子としての身分にあるだれかが抱く愛に満つる思いは一つ残らず、その身分にぞくする一人ひとりのものとなる。そうした思いは愛に満つるものだからこそ分かち合われる。分かち合うことは神のなさる創造のしかたであり、あなたのやり方でもある。自我はあなたを神の国からはなれた異郷での生活に引き留めておけるが、神の国そのものにおいては何の力もない。霊の想念はそれを思い付く心を離れたりしないし、そうした想念がおたがいに矛盾することもありえない。しかしながら自我の想念は、異なった段階で起きるのだし、そのうえ同じ段階において相反する思いを含んだりするので矛盾することがありえる。対立する思いを分かち合うことなど不可能。分かち合えるのはただ神にぞくする思いだけであり、これを神はあなたのために取っておいてくださる。そうした思いこそ神の国のもの。その他の思いは聖霊が神の国に照らして解釈し直し、それもまた分かち合われるにふさわしい思いとするまであなたに留まることになる。そうした思いが十分に清められたときには、聖霊があなたにそれをほかの者に与えさせる。そうした思いを分かち合いたいと決心することがまさにその思いを清めることになる。

私は、ただ自分一人のために償うことはできないとよく分かったので、一つの御声を聞き入れた。一つの御声に耳を傾けるとは、あなた自身その御声を聞くために、それを分かち合うと決心するという意味を含んでいる。私のうちにあった御心は、神に創造された心の一つひとつに今も抑えきれないほど引き付けられている、というのは神の完全な御すがたこそ御子の完全なすがただからである。あなたは傷つけられるはずがない、だから自分の完全なすがたしかきょうだいに見せたいと望んだりしないように。そのきょうだいには、あなたを傷つけることはできないということを見せ、何の責任も負わせたりしないように、さもないとそのために自分自身をとがめることになる。これが「ほかの頰もむけよ」といわれている意味である。

教えることはいろいろな方法でなされるが、一番よくつかわれるのは実例による教え方。教えることは癒しとなるべきだ、それは自分の考えを分かち合うことであり、そうすることがさらに自分の考えを強めると認めることであるから。私は自分が学んだことを教えずにはいられない気持ちを無視できないし、それは学んだからこそ生じた思いだ。私はあなたに学んだことを教えるようにと勧める、そうすればあなた自身、学んだことを頼りにできるのだから。私の名こそ神の子の御名であるから、あなたの学んだことを私の名によって頼みがいのあるものにしてほしい。私は学んだことをあなたに自由に与えるし、私のうちにあった御心は、あなたが自ら選んでそれを聞こうとするのを喜んでいる。

聖霊はわれわれみんなのうちで、もとどおりにすることによって償い、こうしてあなたが自分の心に課した重荷を取りのけてくれる。聖霊にしたがうことによって、あなたは本来いるべき神のもとへと導かれるのだが、自分のきょうだいを一緒に連れていかずに、どのようにしてその道を見つけ出すつもりでいるのだろうか。贖罪における私の役割は、あなたがその贖罪に加わって、それを他の者にも与えるまで完了したとはいえない。教えるにしたがって、あなた自身が学ぶことになる。私は決してあなたを置き去りにしたり見捨てたりしないつもりだ、あなたを見捨てたりすれば、わたし自身と私を創造してくださった神とを見捨てるようなものであるから。もしあなたがきょうだいたちのだれかを見捨てるなら、それはあなた自身と神とを見捨てることになる。きょうだいたちをあるがままの姿に見るようになり、そのきょうだいたちも自分と同様、神にぞくするのだと理解しなければならない。あなたのきょうだいにたいして、神にぞくするものを神へ戻すように援助するよりも、もっといい待遇のしかたがあるだろうか。

贖罪はあなたに癒された心のもつ力というものを与えるが、創造する力は神からのものである。したがって許された者たちは、癒すという想念を受け入れたからには、その想念を保持するためにもそれを他の者に与えなければならないので、まず癒しに専心する必要がある。神の想念をすこしでも神の国に与えないでおくかぎり、創造力を十分に現すことはできない。心を合わせて一つの意志を持つ御子としての身分にある者たちこそ、御父のように創造できる唯一の創造者といえる、完全なものだけが完全に考えることができるし、神の考えられることには何一つ不足はないのだから。あなたが聖霊を通さずに自分で考えつくことは、なんでもみな何かが不足していることは確か。

本当に神聖なあなたが苦しむことなど有り得るだろうか。過去のできごとはその美しい点をのぞいてみな過ぎ去ったのであり、残っているのは祝福だけである。私はあなたがだれかに親切にしてあげた時のことをみな取っておいたし、あなたの抱いた愛のこもった思いは一つのこらず取っておいた。こうしたあなたの心遣いを、それにともなう光を隠していた間違いから清めたうえで、あなたのためにそうした心遣いそのもののこの上ない輝きのなかに保っておいた。こうした心遣いはくじかれたり罪責感を感じたりすることを通り越している。それはあなたの内なる聖霊から生じたのであり、我々は神が創造なさるものは永遠だとわかっている。私は自分自身を愛するようにあなたを愛したので、あなたは確かに平安のうちに旅立てる。あなたは私の祝福と共に、また私の祝福のためにも行くことになる。その祝福をしっかりつかみ分かち合おう、そうすればいつまでも我々のものとなるだろう。私は神の平安をあなたの胸と手のひらにおく、あなたがしっかりと抱きしめた上で分かち合えるように。あなたの胸はその平安を抱けるように純粋であり、あなたはそれを与えることができる強い手をもっている。我々は失うはずがない。私の判断力は神の知恵と同じように力強いのであり、その神の御胸と御手のうちにこそ我々は実在する。穏やかさにつつまれた神の子どもたちこそ、祝福された御子たちである。神の御思いはあなたと共にある。

五　自我は罪責感を利用する

自我が罪責感をどのように利用するのか、それを明らかにすれば、我々の話し合っているいくつかの概念が少しはっきりしてきて、もっと個人的に意味があるかもしれない。自我には目標がある、それはちょうど聖霊に目標があるのと同様。自我の目標は恐れ、なぜなら怖がるものたちだけが利己的になることがあるからだ。自我の論理は聖霊の論理と同じく非の打ちどころがない、というのもあなたの心は、選択しだいで、天か地のどちら側にでもつける手段を自由に使えるからである。しかしもう一度、その両方ともあなたのうちにあるということを思い出してほしい。

天国には罪責感はない、なぜなら神の国には贖罪を通して達するのであり、その贖罪があなたを創造するために解放してくれるからである。「創造する」ということばがここでは適切だ、いったんあなたの作ったものが聖霊によってもとどおりにされたら、祝福された残りのものは回復し、したがって創造を継続することになるのだから。本当に祝福されたものは罪責感を感じることはありえないし、喜びを感じるはずだ。こうなると本当に祝福されたものの平安はなにものにもかき乱されることはないので、自我に傷つけられることもなくなる。また完全であるから混乱状態において傷つけられたりすることもない。罪責感はかならず混乱させてしまう。恐れを引き起こすものはなんであれ、それは分割の法則に従うので不和を生じさせやすい。もし自我が分離の象徴だとすれば、それは罪責感の象徴でもある。罪責感は単に神のものではないということでは済ませられない。それは神を攻撃していることを象徴する。このような概念は自我以外のものにはまったく無意味だが、それを信じる自我の力を見くびったりしないように。こんな信念から実にすべての罪責感が生ずるのである。

自我は分割を信じている心の部分。神にぞくする部分が、自ら神を攻撃していると信じることなく、どうして神から離れることができるだろうか。前にも、権威問題は神の力を奪うという概念に基づくものだと話したことがある。自我は自らがあなたそのものだと信じているので、こうしたことをあなたがしでかしたと信じている。もしあなたが自我と一体感を持っているなら、自分は罪を犯したと見なしているにちがいない。自分の自我に応ずるたびに罪責感にさいなまれ、罪の報いを恐れるようになる。自我はまったく文字どおり恐ろしい思いだといえる。正気の心には、神を攻撃するという想念はどう見てもばかげているとしか思えないが、自我は正気ではないということを決して忘れないように。自我は妄想的な体系を表し、それを弁護しようとする。自我の声を聞くということは、神を攻撃するのは可能だと信じ、自分が神の一部分をむりやり引き離したという意味になる。外部から仕返しされるかもしれないという恐れがそれに続く、というのも罪責感があまりにもひどくなり、その罪責感を投影せざるを得なくなるからである。

あなたが自分の心に受け入れるものは何でも自分にとっては実在するものとなる。受け入れるということがそれを本物にする。もし自分の心のなかで、自我を上座に据えるなら、そこに入らせることでそれを自分にとって実在するものとさせる。なぜなら心には実在を創造することも錯覚を作ることもできるからである。前にも私は述べたが、あなたは神と共に考えるようにならなければいけない。共に考えるとは神と同じように考えるということ。こうすることは罪責感ではなくて喜びを生じる、それこそ自然なことなのだから。罪責感があるとすれば、自分の考え方は自然だとはいえないという確かなしるし。自然とはいえないような考え方をすると必ず罪責感を伴うだろう、それは罪を信じるということであるから。自我は、罪とは愛に欠けていることだとは見て取らず、積極的な襲撃行為だと見て取る。自我が生き残るためにはそうする必要がある、あなたは罪とは欠けていることだと見なすやいなや、自動的にそんな状態を改善しようと試みるだろうから。そのうえあなたはそれを首尾よくやり遂げるだろう。自我はこれを破滅と見なすが、あなたは解放されることだと見なすようにならなければいけない。

罪責感のない心は苦しむはずがない。正気なので、そうした心はたしかに癒されているのだし、からだも癒される。正気の心は、だれかを攻撃したり何かを攻撃したりすることなど思いつきもしないので、病を思いつくはずがない。以前私は、病は魔術の形態だと述べたことがある。魔術を使った解決法の一つのかたちだと言えば、もっといいかもしれない。自我は自らを罰すれば、神からの刑罰を軽減できると信じている。だが、こうすることさえ傲慢だといえる。それは神が罰する意図を持っておられると考えることであり、そのあとこのように意図するのは自らの特権だとみなそうとする。自我は自らが神にぞくする役目だと見なすことをすべて奪おうとする、それというのも自我はただ完全に忠義をつくすものだけを信頼できると認めているからである。

自我はあなた同様、神の法則に反対することはできないが、自分が何を望むかによってそうした法則を解釈することはあなたにもできるし、自我にもできる。だから「なにを望むのか」という質問に答えなければならない。あなたは一分、いや一秒ごとにそれに答えているし、決心するたびに審きを下しているわけで、それには効力がないとなど決していえない。そうした決心を変えるまでは自動的にその審きの効力がつづくことになる。しかしそれに採って代われるもの自体、変更できないものだということを思い出してほしい。聖霊は、自我と同様、決心しだい。選択できるのはこの二つからだけであり、心はそのどちらかを受け入れ従うことができる。あなたはただ聖霊か自我のどちらかを選択できるだけである。神が聖霊を創造なさったのだから、それをあなたが根絶することなどできない。その一方、自我を作ったのはあなただからこそ、自分でそれをすべてなくせる。ただ神が創造なさるものだけは撤回できないし、変えることもできない。あなたが作ったものはいつでも変えることができる、神がなさるように考えていない時、あなたは実際にはなにも考えてなどいないのだから。妄想的な想念は本当の思いではない、ただしあなたがそんな想念を信じることはできる。しかし、あなたは間違っている。思考の働きは神からくるのであり、神のうちにこそある。神の御思いの重要な部分として、あなたは神から離れて考えるはずがない。

分別のない思いとは混乱した思い。あなたの思いは神に創造されたので、神御自らあなたの思いを整えてくださる。罪責感にさいなまれるとすれば、それはいつもあなたがこのことをわかっていないというしるしだ。またそれは、あなたが神から離れて考えられると信じ、そうしたいと望んでいることも示している。混乱した思いにはどれもみな、はじめに罪責感が伴い、そんな思いは罪責感で維持されている。自分自身の思いは自分で指図するものとし、したがって自らの命令に従うはずだと信じる者たちには罪責感は免れない。こうしたことが自分の間違いにたいして責任があるように感じさせるわけだが、こんな責任を受け入れれば、かえって無責任な反応をしていることになるとは気づいていない。もし、奇跡をおこなう者にとって唯一の責任は自分自身のために贖罪を受け入れることだとすれば、これをまず私はたしかにそうだと請け合っておくが、それなら何にたいして償うのかはあなたの責任であるはずがない。そんな板ばさみのような状態は、もともとおりにするための解決法を受け入れることによってしか解消することはできない。もし自分の間違った考え方をもとどおりにできなければ、確かにそんな考え方すべてから生じる結果の責任をあなたが負うことになる。贖罪の目的は、過ぎ去ったことをただ清められたかたちにして取っておくことである。もしあなたが混乱した思いを癒す療法を受け入れたら、その効能はまったく疑いのないものであるから、そんな思いから生じる徴候など残るだろうか。

分離したままでいるという決心をもち続けることが、罪責感にさいなまれ続ける唯一の理由として考えられる。これについて前に述べたことがあるが、そんな決心がもたらす破壊的な結果については強調しなかった。どんな決心をするにせよ、それがどのように振る舞うかとか何を経験するか、その両方に影響をおよぼすことになる。あなたは自分の望むことを期待する。こうすることは妄想ではない。あなたの心はまさに自分の将来を作るのであり、もしまず贖罪を受け入れさえすれば、ただちに心はそれを完全な創造へと向けることだろう。そのうえ贖罪を受け入れた瞬間、完全な創造へと戻ることにもなる。心の混乱した思いを放棄したあと、思いが正しく整えられていることはきわめて明白となるのである。

六　時間と永遠

御自らの知識のうちにいらっしゃる神は待ってはおられないが、あなたが待っているうちは神の国は取り残されている。神の御子たちはみんなあなたの帰りを待っている、ちょうどあなたが御子たちの帰りを待っているのと同様に。永遠の世においては遅れるということは重大ではないが、時間のなかでは悲惨なことだ。あなたは好んで永遠よりむしろ時間のうちにいることを選んだ、したがって自分は確かに時間のうちにいると信じている。けれどもあなたの選択は自由だし、変更もできる。あなたが時間のうちにいるのはふさわしくない。あなたの居るべき場は永遠のうちにのみあり、神御自らあなたをそこにいつまでもとどまるように置かれたのである。

罪を犯しているという思いが時間を保存させる。そんな思いが仕返しされたり見捨てられたりするのではないだろうかという恐れを引き起こし、かくして将来も過去と同じようになることは確実。これこそ自我の継続を意味する。自我は、あなたがそれから逃れられないものと信じ、それで安全だと思い込む。しかしあなたは逃れられるし、逃れなければならない。神はそのかわりあなたに、永遠に続くものを差し伸べてくださる。あなたがこれと交換することを選べば、それと同時に罪責感を喜びと、邪険さを愛と、苦痛を平安と交換することになる。私の役は、ただあなたの意志を鎖から解き放ち自由にすることだ。あなたの自我はこうした解放感を受け入れることができず、どんな機会も見逃さず、思い付くかぎりの方法でそれに反抗するだろう。自我の作り手として、あなたは自分で自我にその力を与えたので、自我に何ができるか気づいている。

神の国をいつも思いだし、その神の国の重要な部分であるあなたが、自分を見失うはずがないということを思い出してほしい。私のなかにあった御心は確かにあなたのなかにもある、神はまったく公平に創造なさるのだから。いつも聖霊に神の公平さを気づかせてもらうことだ、そして私は、あなたがそうした公平さをどのようにきょうだいたちと分かち合ったらいいか、それを教えることにしよう。それいがいにどうすれば、あなたがその公平さは自分自身のものだと言える機会を得られるだろうか。二つの声が同じことについて、異なった解釈をして同時に話そうとする、いやほとんど同時にというべきだろう、自我が必ず先に話すのだから。そんな最初の解釈がなされるまでは、それに代わる解釈など必要としなかった。

自我は審きをくだしてそれを言い渡し、聖霊がその判決を破棄するようなものだが、それはこの世で、上級裁判所には下級裁判所の判決を破棄する権限があるのとほぼ同じだといえる。自我の判決には必ず間違いがある、そうした判決は自我が弁護しようとする間違いに基づいているのだから。自我は何を知覚しようがそれを正しく解釈していることは、何一つない。自我の都合にあわせて聖書を引用するだけでなく、自我を証明するように聖書からの引用文を解釈しさえする。聖書は恐ろしいものだと自我は判断している。恐怖を抱かせるものだと見てとるので、恐ろしく解釈する。あなたは恐れを抱いており、上級裁判所での判決もまた自分に不利になると信じているので、上級裁判所に上訴しようとなどしない。

自我の解釈がいかに人を惑わせるもとになるかという実例はたくさんあるが、そのうちのいくつかを聖霊がどのように御自らの御光のうちに解釈し直せるか、それを見せれば十分だろう。

「人は、まくものを収穫する」とあるのを、人は培う価値があると考えることを、自分自身のうちに培うようになるという意味だ、と聖霊は解釈する。何かに価値があるとあなたが判断すれば、それは自分にとって価値あるものとなる。

「主はいわれる。仇は私がとる」とあるのは、想念はただ分かち合うことによって増える、ということを思い出せば簡単に解釈しなおせる。この言い方が強調するのは仇をとるという想念を分かち合うことはできないということ。したがってそんな想念は聖霊にわたすがよい、聖霊はそんな想念は神の重要な部分であるあなたの心にはふさわしくないとして、あなたのなかにあるのを取り消してくれる。

「親の罪をその三代、四代の子孫にまで報いるお方」だ、という自我の解釈には特に悪意がこもっている。それは単に自我そのものが生き残ることを保証しようとする試みにすぎない。聖霊にとっては、それは前代の人びとが誤解していたことを後の世代においてもまだ聖霊が解釈しなおせるし、こうすることで恐れを生みだす力のある思いから免れさせる、という意味になる。

「悪人はほろびる」とあるのは、「ほろびる」という言葉を「もとどおりにされる」と理解すれば、贖罪についての言明と取れる。愛のない思いはどれもみなもとどおりにされなければならないが、自我はこのもとどおりにされるという言葉を理解することさえできない。自我には、もとどおりにされるとは滅ぼされることを意味する。自我はあなたの思いの部分なのだから滅ぼされはしない、しかしそれは創造的ではないため分かち合うこともないので、あなたを恐れから解放するために解釈しなおされることになる。あなたが自我に与えた心の部分は、ただ神の国へ戻ることになり、そこはあなたの心が全部あるべきところである。あなたは神の国が完了するのを遅らせることはできるが、そこに恐れの概念を持ち込むことはできない。

あなたは自分が、上級裁判所に等しいお方に有罪の判決を言い渡されるだろうと、そんなことを恐れる必要はない。あなたに対する訴訟は単に却下されるだろう。神の子どもに対する訴訟など有り得ないし、神が創造なさったものに罪があると言う者は一人残らず、神御自身にたいして偽りの証言をしていることになる。自分の信じることを一つ残さず快く、神御自身の上級裁判所に上訴するがよい、なぜならそこの裁判官は神に代わって言い渡すので、真実を言ってくれるのだから。あなたがいかに念入りにそんな訴訟のもとを自分で作り上げたと思っていても、あなたに対する訴訟は却下される。絶対に確実な訴訟かもしれないが、神に見通せないものではない。聖霊はそんな訴えを聞き入れないだろう、聖霊は真実に立ち会えるだけなのだから。聖霊はあなたが何であるかを気づかせるためにあなたに与えられたので、いつも「王国は、あなたのもの」という裁断を下す。

「私はこの世に、光として来た」と私が述べたその意味は、光をあなたと分かち合うために来たということである。自我の暗い鏡について私が言及したことを思い出してほしいし、「それを見ないほうがいい」と言ったことも忘れないように。自分を見いだすためにどこに目を向けるかはあなたしだい、それは今でも本当だ。あなたのきょうだいに対して寛容であるということは、自分自身にたいしてもそうすることになる。神の子どもは寛容さをもって接するに値しないだろうか。私の意志は我々の御父からのものであり、その御父から限りなく寛容であることを習ったので、私はあなたにたいして限りない寛容さをしめした。御父の御声は私のうちにあったと同じようにあなたのうちにもあり、御子としての身分にある者にたいして、その御創造主の御名において寛容であるようにと話しかけている。

そこで、あなたはただ限りなく寛容であることだけが、即座にその結果を生じるということを学ばなければならない。これこそ時間を永遠と取り替える方法である。限りない寛容さは限りない愛を求めることであり、今ここにその結果を生じるので、時間を必要のないものにする。繰り返し述べたように時間は学ぶための手だてであって、もはやその役に立たなくなったときには完全になくなってしまう。時間のなかで神に代わって話す聖霊も、時間そのものには意味がないとわかっている。聖霊はこのことを、刻一刻あなたにも気づかせようとする、なぜなら聖霊の特別な役目はあなたを永遠の世に戻したうえで、そこにとどまってあなたが創造するものを祝福することだからである。聖霊こそあなたが本当に与えることのできる唯一の祝福、聖霊は本当に祝福されているのであるから。聖霊は神から惜しみなくあなたに与えられたのだから、あなたも自分が聖霊を受け取ったように、その聖霊を与えなければならない。

七　神へ向かう決心

あなたは神の御声をかき消せるような声を作れると、本当に信じているのか。自分を神から引き離せる思考体系を考案できると本当に信じるのか。あなたの安全と喜びのために神が計画してくださる以上のことを、自分で計画できると本当に信じられるというのか。あなたは注意深くなる必要もなければ無関心でいる必要もない、ただ神はあなたのことを気にかけてくださっているので、自分の心配事を神にゆだねるだけでいい。神はあなたを愛しておられるので気にかけてくださるのである。神の御声はいつも、そうした神の配慮があるからこそ、すべての望みは自分のものだとあなたに気づかせてくれる。あなたは神の配慮から逃げることは選択できない、それは神の御意志ではないのだから、ただその神の配慮を受け入れ、その配慮にともなう無限の力を、神がそれによって創造なさったすべてのもののために使うことを選択できる。

治療者でありながら自分自身を癒せなかった者は大勢いる。そのような治療者は自分の信仰が完全ではなかったので、自らの信念で山を動かしてはいない。時には病人を癒した者が何人かいるが、死者をよみがえらせた者はいない。治療者は自分自身を癒さないかぎり、奇跡に難しさの順序はないということを信じるはずがない。そんな治療者には、神の創造なさった心はどれもみな神が完全に創造なさったのだから、平等に癒されるに値するということがわかっていない。あなたは単に、神が創造なさったそのままの心を神に戻すようにと求められているにすぎない。神は御自ら授けられたものだけを求めておられるのであり、こうして与えることがあなたを癒すとわかっておられる。正気であるとは完全なすがたのことをいい、きょうだいが正気であるならあなたも正気だということになる。

神に代わって話す御声が自分の中にあるとわかるのに、あなたはなぜ、自分をよんでいるように思える果てしなく気違いじみた呼びかけなどに、耳を傾けるべきだろうか。神は御自分の霊をあなたにゆだねられたうえで、あなたも自分の霊を神にゆだねるようにと求めておられる。それをこの上ない平安のうちに保とうと意図なさっているというのも、あなたは神と一つの心、一つの霊だからである。あなた自身を贖罪から締めだそうとするのは、自我が自らの存在のために最後の望みをかける防衛策といえる。それは自我には分離する必要があることを反映し、またあなたにはその分離状態の側につく気があることも反映している。こんなことをする気があるとは、あなたが癒されたいとは思っていないということを意味する。

しかし今こそ大事な時である。前に私が言ったように、救済策はあなたが作れるものではないのだから、自分で救いの計画を立てるようにとは求められてなどいない。神御自ら、あなたが作ったとはいえ神の聖なる御意志に調和しないものを、どれもみな完全に正すことができるお方をあなたに与えてくださった。私は神の計画をまったく包み隠さず明らかにするし、またその計画におけるあなたの役割と、いかにそれを果たす必要に迫られているかということも話すつもりだ。自分は神に値しないと信じ込み、子どもたちが犠牲になっていることに、神は涙を流しておられる。

心底から喜べないときがあれば、それは必ず神が創造されたものにたいして愛をもたずに対応したからである。このようにしたことは「罪」だと見てとり、あなたは攻撃を予測して防衛体制をとるようになる。こんな風に反応すると決心するのは自分、したがってそれを取り消すこともできる。普通の意味で、悔い改めるというやり方では取り消すことはできない、なぜならこれは罪を犯したという意味であるから。もし自分に罪があると感じたら、その間違いを自分のために取り消してもらうよりむしろそれを強化することになるだろう。

決心するのが難しいはずはない。これは明白である、ただし、もし心底から喜びを感じないとすれば、自分がすでにそう感じないでいようと決めたに違いない、と気づけばだが。したがってそんな決心を取り消すための第一歩は、自分は間違ったことを積極的に決めてしまったが、その反対にしようとすればそれも同じように積極的にできると認めることである。こうするにつけては自分自身に本当にきっぱりと言い聞かせ、そのうえ取り消すための手順は自分が思い付くのではないとはいえ、神がそれを自分の中に置かれたので、そこにあるということを十分に自覚しておくことである。あなたの役割は単に自分の考え方を、それに間違いがあった時点まで戻し、心安らかに贖罪へと引き渡すことだけだ。次に上げることをできるだけ誠意をもって自分自身に言い、聖霊はあなたからのほんのちょっとした招きにも、十二分に応じてくれるということを思い出してほしい。

私は間違った決心をしたに違いない、心の平安を失っているから。
自分でそんな決心をしたが、その反対に決めることもできる。
心に平安を得たいから、その反対に決めることにしよう。
罪責感にさいなまれることはない、聖霊にまかせさえすれば、
自分が間違って決心したために生じたことをみな取り消してくれるのだから。
聖霊は私のために神へ向かう決心をすると承知のうえで、
聖霊にまかせることを選択することにしよう。

第六章　愛の教訓

序論

怒りが攻撃につながるということは明らかだが、怒りと恐れのつながりは必ずしもそう明白ではない。怒りがいつも分離しているとの思いを投影することは必然的、それを他の人のせいにしたりするより、究極的には自分自身の責任として受け入れなければならない。自分が攻撃されているとか、それにたいして攻撃し返すことは正当化されるとか、そんなことになった責任は自分には少しもない、などと信じない限り、怒りが生じるはずはない。全く不合理なことをこのように三つも前提にすれば、それと同様に、きょうだいは愛するよりも攻撃するに値する、といった不合理な結論がでるのは当然。気違いじみた前提からは気違いじみた結論以外の何を期待できるだろうか。気違いじみた結論を取り消す方法は、それが基づく前提が正気で思い付かれたものかどうか、それを良く考えてみることだ。あなたは攻撃されるはずがないし、攻撃が正当化されることなどないし、自分の信じることにたいしてはあなたに責任があることは確かである。

あなたが学ぼうとするなら、私を模範にするようにと勧めておいた、極端な実例は特に学習に役立つだろうから。だれもがみんな教えるのであり、それも常に教えることになる。あなたが何らかの前提を少しでも受け入れた瞬間、必然的にそれを教える責任を引き受けることになるし、なんらかの思考体系をもたずに、自分の生活にまとまりを持たせられるものはだれ一人いない。どんな種類の思考体系にせよ、いったん自分でそれを発展させると、あなたはそうした思考体系によって生活し、それを教えることになる。あなたはある思考体系に忠実になる能力を、間違ったところへ置いているかもしれないが、それはそれで何かを信頼しているということであり、それを他のものに向けることはできる。

一　キリストのはりつけとその教え

学ぶ目的で、もう一度、キリストのはりつけについて一緒によく考えてみよう。前に、私がこのことを長々と話さなかったのは、あなたがそれには恐ろしい意味が含まれていると考えたかもしれないからだ。今まで一つだけ強調しておいたのは、それは刑罰としてではなかったということ。しかしながら、否定的な点から見ただけでは何も説明できない。キリストのはりつけを肯定的に解釈することもできるし、それには全く恐れは伴わない、したがって正しく理解されさえすれば、それが教えることは全く恵み深いものだ。

キリストのはりつけは極端な例にほかならない。その価値は、どんな教えの手だてについても同じことがいえるように、ただそれがどのように学習を助長するかにある。それは誤解されやすいことであり、たしかにずっと誤解されてきた。これはただ怖がっている者は、恐る恐る知覚しがちだからである。すでに言ったように、あなたは私の決心を分かち合うために、いつでも私を呼ぶことができるし、こうすることで私の決心を強めることになる。キリストのはりつけは御子としての身分にある者の取るべき最後の無益な旅路であり、それを理解する者はだれでも恐れから解放されることを意味するとも言っておいた。私は以前、キリストの復活だけを強調したが、その時にはキリストのはりつけの目的と、それがいかにして実際に復活へと導いたかをはっきりさせなかった。にもかかわらず、それはあなた自身が生きるために役立つのは確かだし、もしあなたが恐れずにそれをよく考えてみるつもりなら、教師としての自分の役割を理解する助けになるだろう。

たぶんあなたは長い間、まるで自分が十字架にかけられているように反応してきたことだろう。これは分離している者たちに目立つ傾向だし、このような者にかぎっていつも、自分で自分に何をしたかよく考えてみようとはしない。投影するとは怒りがあることを意味し、怒りが暴行にはしらせ、暴行を働けば恐れを抱かずにはいられなくなる。キリストがはりつけにされたことの本当の意味は、数人の神の子が別の一人に強烈な暴行を加えたように見えるということにある。もちろん、これはそう見えただけで実際には不可能であり、不可能なことだとしっかり理解される必要がある。さもないと、私は学習の模範として手助けしようにも、それができなくなる。

究極的には暴行を加えることができるのは、からだにたいしてだけである。一つのからだが別のからだに暴行を加え、それを滅ぼすことさえできることは疑いの余地もない。だが、もしも滅ぼすこと自体が不可能だとすれば、滅ぼされることがあるものは何であれ、実在的なものでは有り得ないということになる。したがってそんなものが滅ぼされたといって怒ることを正当化できない。それを正当化できると信じるかぎり、あなたは間違った前提を受け入れて、他の者にもそれを教えていることになる。キリストのはりつけが教えようとしたのは、迫害をどんなかたちの暴行とも見て取る必要はないということ、あなたが迫害されることなど有り得ないのだから。もしあなたが怒りで応ずれば、自分は滅ぼされることがありえると考えているに違いない、したがって自分自身を正気で見ているとはいえない。

私はあなたに似ているしあなたは私と似ているということを、私は本当にはっきりさせておいた、しかし我々が根本的に平等であるということは、ただ一緒に決心することによってのみ実証できる。もしあなたがそうしたいのなら、自分は迫害されていると見て取るのはあなたの自由だ。ただし、あなたが自分で選んでその様に反応するとき、この世の判断によると私は迫害されたことになるが、わたし自身はそのように評価しなかったということを覚えておいてほしい。そして私はそれを分かち合わなかったのだから、それを強めてもいない。したがって私は暴行為について異なった解釈を提案したわけで、これをあなたと分かち合いたいと思う。もしあなたがこの解釈を信じるなら、私がそれを教える手助けをしてくれることだろう。

以前私が述べたように、「自分の教えるとおりに、自分が学ぶことになる」。もしあなたが、まるで自分が迫害されているように反応するなら、迫害を教えていることになる。神の子は、もし自分の救いを実現したいのなら、こんな教訓を教えたいと思ったりしないほうがいい。むしろ、あなた自身完全に守られていると教えることだ、それこそあなたのなかの真実だし、それは攻められるはずがないと悟ることである。自分でそれを守ろうとしないでおくがよい、でなければ攻められやすいと信じていることになる。あなたは自ら十字架につけられることなど求められてはいない、それは私自身が教えるために役立てたことだ。あなたはただ、私の例ほど極端ではないにせよ、心が惑わされて誤って知覚しそうになったとき、それをものともせずに私の例にならい、そのように惑わされたことを、怒りを感じる正当な理由だとして、間違って受け入れたりしないようにと頼まれているだけだ。正当と認められないことを正当化することはできない。そんなことができると信じ、それを教えたりしないように。自分が信じることを教えるようになるということを、いつも覚えておくことだ。私と共に信じてほしい、そうすれば我々は教師として同等になるだろう。

あなたの復活とはあなたが再び目覚めることである。私が再生のための模範だが、再生そのものは、単に自分の心のなかにすでにあるものがわかり始めるということにすぎない。神御自らそれをそこに置かれた、だから自分の心のなかにあるものはいつまでも真実である。私はそれを信じたのであり、したがってそれを私にとっても真実として受け入れた。神の王国の名において、それを我々のきょうだいたちに教えるために私の手助けをしてほしい、しかし先ずあなたにとってそれが真実だと信じること、さもないと間違って教えることになる。いわゆる「ゲッセマニの園での苦悶」だが、きょうだいたちはその間ずっと眠っていたとはいえ、私は自分が見捨てられることは有り得ないと分かっていたので、腹を立てたりしたはずはない。

私が残念に思うのは、きょうだいたちが一つの御声だけを聞くという私の決心を分かち合おうとしないときだ、そうしないでいると教師としてまた学ぶ者として弱くさせるのだから。けれども私は、きょうだいたちが自分自身や私を実際には裏切ることなどできないし、まだそのきょうだいたちの上にこそ私の教会を建てなければならないと分かっている。これには選択の余地はない、あなただけが神の教会の土台になれるのであるから。教会とは祭壇があるところで、その祭壇の存在こそが教会を神聖なものとする。愛を思い起こさせないような教会には、神が意図された目的のために役立っていない隠れた祭壇がある。私はあなたの上に神の教会を創建しなければならない、私を模範として受け入れる者たちは文字どおり私の弟子であるから。弟子は従う者である、だからもし従うべき模範となる人が、すべての点で弟子たちが苦痛を味わわずに済むようにすることを選んだのなら、それに従わずにいることは賢明とはいえない。

私はあなたと私のためになるようにと、自我の判断によればもっとも悪虐無道な暴行でさえ問題ではないと実証することを選んだのである。こうしたことをこの世が判断するには、ただしこれは神が分かっておられるようにではないが、私は裏切られて見捨てられ、鞭で打たれて身を裂かれ、ついには殺されたということになる。これはただ他の者たちが私に投影したからだということは明らかである、私はだれ一人傷つけてはいなかったし、多くの人を癒したのであるから。

我々はなおかつ学ぶ者として同等である、だからといって同等な経験をする必要などない。聖霊はあなたが私の経験から学ぶことができ、それによって再び目覚めることを喜ぶ。それこそ私の経験の唯一の目的だといえるし、私のことを道であり真理であり生命であると見て取れる唯一の方法となる。一つの御声にのみ耳を傾けるなら、決して犠牲を要求されることなどない。それどころか、他の者たちのなかにある聖霊を聞けるので、その人たちの経験から学べるし、自分自身でじかに経験をしないでも得るところが有る。なぜなら、聖霊は一つであり、耳を傾けようとするものはだれでも必然的に、聖霊のやり方をみんなに実証するようになるからである。

あなたは迫害されていないし、私もされてはいなかった。我々の分かち合っている聖霊がその必要をなくすので、あなたは私の経験を繰り返すことなど求められてはいない。しかしながら私の経験を前向きに使うには、それをどのように見て取るかという点で、まだ私の例にならわなければいけない。私のきょうだいでありあなたのきょうだいでもある者たちは、正当化できないことを正当化しようといつも躍起になっている。私が一つ学んだこと、私はそれを自分が学んだように教える必要がある、それは聖霊の審きに一致していない知覚のしかたは、どれも正当化できないということだ。私は、こうしたことが極端な場合においても本当だということを見せることを引き受けたわけだが、それは単に、それほど極端ではないにせよ怒ったり暴行したりしそうな気持ちになる者たちにとって、いい教えの手助けになりそうだからだ。私は神と共に、御子のうちのだれ一人苦しむことのないようにと意図する。

キリストのはりつけは投影を象徴するので、それを分かち合うことはできないが、復活は、御子としての身分にある者たちに自らの完全さを分からせるためには、神の子が一人のこらず再び目覚めることを要するので、分かち合うことを象徴する。ただこうしたことを分かるようになることこそ知識である。

キリストのはりつけが教えてくれることは完全に明瞭だ――

愛だけを教えるがよい、あなたは愛そのものであるから。

もしあなたがキリストのはりつけについて少しでも別の解釈をするなら、それが意図した平安への呼びかけとしてより、むしろ暴行を働くための武器として使っている。十二使徒はたいていこのことについて誤解していたし、同じような理由でだれもが誤解する。使徒たち自身の愛が完全なものではなかったので、投影しやすくなってしまい、自分たちが恐れているからこそ神からの仕返しの手段として「神の御怒り」がふりかかるなどと述べたりした。それに、キリストのはりつけについて全然怒りを感じないで話すことはできなかった、というのも自ら良心の呵責を感じ、憤りをおぼえたからである。

つぎに新約聖書のなかにある転倒した考え方の実例をいくつか述べる、もっともその福音は、本当は愛の教えにすぎないのだが。もし使徒たちが罪悪感にさいなまれていなかったなら、「私は平和ではなく、剣をもって来た」と私が言ったなどと、決して引き合いに出したはずがない。これは私が教えたすべてのことと反対であるのは明らかだ。それに使徒たちがもし私を本当に理解していたなら、ユダにたいする私の反応を、聖書にあるようには描写できなかっただろう。「あなたはくちづけをして人の子をうらぎるのか」、と私が言ったはずがない、もし私が裏切りを信じていたのなら別だが。キリストのはりつけの教えを総まとめすれば、私は絶対に裏切りを信じていなかったということである。私がユダのうえに「罪の報い」を呼び起こさせたことになっているのも、同じような思い違いといえる。ユダは私のきょうだいであり、神の子であって、私同様に御子としての身分にかかせない部分でもある。罪の宣告は不可能だと実証しようとしていたその私が、ユダに罪の宣告をするということはありそうなことだろうか。

あなたが使徒たちの教えを読むにつけ、私自身その使徒たちにたいして、後になって理解できるようになることがたくさんある、と言っていたのを思いだしてほしい、それというのも、使徒たちはその時、私に従う覚悟が完全にできていなかったからである。願わくは私があなたを導こうとしている思考体系に、恐れを少しも入り込ませないでほしい。私は殉教者を求めているのではなく、教師を求めている。だれ一人、罪の罰を受けるものはいないし、神の子たちは罪人ではない。刑罰についての概念はどれも必然的に、責任を問うための投影を含むし、責任を問うことは正当だという想念を強化する。その結果は責任を問うということを習う、どんな態度もみなその動機となる信念というものを教えるのだから。キリストのはりつけは、はっきりと対立した思考体系の結果であり、自我と神の子の「葛藤」をじつによく象徴している。こうした葛藤は今でもまさに本当のように思えるし、それが教えることをその時と同じように今ここで学ばなければならない。

私に感謝する必要はないが、あなたの感謝する能力は衰えているので、それを新たに発達させる必要がある、さもないと神の真価を認めることができないだろう。神はあなたから真価を認められることを必要とはされないが、あなたには確かにそうする必要がある。真価を認めないものを愛することはできないし、恐れは真価を認めることを不可能にするのだから。あなたが自分の本来のすがたに恐れを抱くときには、自分の真価を認めないし、したがってそれを拒絶するだろう。その結果、あなたは拒絶を教えることになる。

神の子たちの力は常に現存する、なぜなら神の子たちは創造主として創造されたからである。お互いに与える影響力は限りないものであり、それを自分たちが共有する救いのために使わなければいけない。各自、どのような形で拒絶することもみな無意味だと教えるようにならなければいけない。分離は拒絶するとの意向である。こう教えるかぎり、それを自ら信じるだろう。これは神のなさる考え方ではないし、もしあなたが再び神を知ろうとするなら、神がなさるように、あなたも考えなければならない。

聖霊は神なる御父と分離した御子たちとの、意思の疎通のきずなであることを思い出してほしい。もしあなたが聖霊の御声に耳を傾ければ、自分は傷つけたり傷つけられたりすることはできないと分かるし、こうしたことを他の者たちも自分で聞けるようになるのに、あなたの祝福を必要とする者が大勢いることも分かるだろう。ただこうした必要を見て取り、ほかのことには何も応じないなら、あなたは私から学んだということになるし、私と同様に自分の学んだことを分かち合いたいと熱望するようにもなるだろう。

二　投影に代わるもの

心のなかのわずかな分裂でさえ、必然的にその心の一部を拒絶するに違いないし、これこそまさに分離を信じるということになる。神の完全さ、すなわち神の平安の真価を認めることができるのは、神に創造されたものの完全さに気づいた完全な心だけだといえる。こうして再認することで完全な心は自らの御創造主が分かる。除外と分離は同じことを意味し、分離と解離すなわち切り離して考えることも同じことを意味する。以前にも述べたように分離は解離であったし現にそうであり、いったんそれが起こると、投影が分離の主な防衛法またはその状態を継続させる手だてとなる。しかしながら、その理由はあなたが考えるほど明らかではないかもしれない。

あなたは何か投影すると、その何かと自分との関係を否認しており、したがってそれが自分のものだとは信じない。あなたは、自分が投影する相手と自分は違うと判断することで、まさしく自分自身を除外していることになる。それに自分が投影する何かに対してもそれに反する審きを下してしまっている以上、その何かを分離したままにしておくので、それを攻撃し続ける。これを無意識に行い、自分で自分を攻撃した事実を自覚しないようにし、こうして自分自身は安全だと想像している。

けれども投影は必ず自分を傷つけることになる。投影は自分の心が分裂していると信じるのを強めることになり、その唯一の目的は分離状態を続けることだ。それはあなたに、自分はきょうだいたちと違うし、そのきょうだいたちとは別だ、と感じさせるために自我が使う単なる手だてにすぎない。自我はこうすることで、あなたはきょうだいたちより「優れている」ように思わせるという理由で、それを正当化し、かくしてあなたがきょうだいと同等であることをなお一層わかりにくくする。投影と攻撃とは必然的に関係がある、投影は攻撃を正当化するための手段となるのが常であるから。怒りを感じながらそれを投影しないでおくことはまずありえない。自我はあなたが自分自身ときょうだいたちの両方について知覚することを打ち砕くためにのみ投影をつかう。そうした過程は、あなたのうちにあるとはいえ自分の望まない何かを除外することから始まり、すぐに自分をきょうだいたちから除外することへとつながる。

しかしながら、すでに学んだように、投影にとって代われるものがあることは確かである。自我の能力のどれ一つとってみても、それにはよりよい使い方がある、なぜならそうした能力は心に導かれているのだし、その心にはよりよい御声があるからだ。聖霊は拡張し自我は投影する。双方の目標は相反しているので、その結果も相反するものとなる。

聖霊はあなたが完全だと知覚することから始める。この完全さは分かち合われるということも知っているので、聖霊はそれを他の者のうちにあるのも認め、こうすることでその完全さを両者のなかで強める。これは怒りの代わりに愛を両方によびおこす、それには双方が含まれていることは確かだから。平等であると知覚することで、聖霊は同じように必要としていることを知覚する。これが贖罪を自動的に招くことになる、贖罪こそこの世においてだれもがみな、一つ必要なことであるから。こんな風に自分自身を知覚することが、この世であなたが幸せを見いだせる唯一の方法といえる。そのわけは、自分がこの世にはいないと承認することになるからだ、この世は不幸せそのものであるから。

喜びなどないところに喜びを見いだすには、自分がそこには居ないと悟る以外にどうすれば見いだせるだろうか。あなたは神があなたを置かれなかったところにはどこにもいるはずがないし、神はあなたを御自らの大切な部分として創造なさった。それはあなたがどこにいるか、そして何であるか、その両方についていっている。そのことは絶対に変更できない。それはすべてを包括する。今もこれから先も、それを自分で変えることなどできない。それこそ永遠の真実である。信じていることではなく、御事実そのもの。神が創造なさったものは何でも、神と同じように真実である。

これが本当であるということは、唯一完全なる神のうちにそうしたものが完全に包括されているということにのみ見いだせる。こうしたことを否定するとあなた自身と神とを否定することになる、一方を受け入れてもう一方を受け入れずにおくことは不可能であるから。

聖霊が申し分なく平等に知覚するということは、神が申し分なく平等に知っておられるということを反映する。自我の知覚法と似た見方など神のうちにはないが、聖霊は知覚と知識をむすぶ橋としてとどまる。知識を反映するような方法であなたに知覚できるようにさせれば、究極的には知識を思い出せる。自我はむしろ、こうしたことを思い出すのは不可能だと信じたがるだろう、しかし聖霊が導くのはほかでもないあなたの知覚である。あなたの知覚はそれが始まったところで終わる。すべてのものは神のうちに集まる、すべてのものは神によって神のうちに創造されたのだから。

神は御自らの御思いを拡張して御子たちを創造なさり、御思いを拡張したものを御心にとどめておられる。したがって神の御思いはすべて、そうした思いのなかで完全に統一しているし、お互いに完全に統一している。聖霊はこうした完全さを今あなたが知覚できるようにしてくれる。神があなたを創造なさったのは、あなたにも創造させるためだ。だがあなたは神の王国の完全さが分かるまで、その王国を拡張することはできない。

思いは考える人の心のなかで始まり、そこから広がっていく。神の御考えになることについてもこれが本当であるし､あなたの考え方についてもそうだといえる。あなたの心は分裂しているので、考えるばかりでなく知覚することもできる。けれどもその知覚するということは心の基本的法則を逃れることはできない。あなたは自分の心で知覚し、知覚したことを外へ向かって投影する。どんな種類の知覚も実在的なものではないとはいえ、あなたが作ったものだから、聖霊はそれを有効に使える。聖霊は知覚を鼓舞して神へと向かせることができる。こうして次第に神のもとへと集まるのは遠い将来のことのように思えるが、それはただあなたの心がその考えと完全に一致していないし、したがって今それを望んではいないからだ。

聖霊は時間を利用するけれども、それを信じてはいない。聖霊は神からきているので、あらゆるものを良いことのために使うが、真実でないものを信じるようなことはしない。聖霊はあなたの心のなかにあるのだから、その心も真実であるものだけを信じることができる。聖霊がただこうしたことのために話せるというのも、聖霊は神に代わって話すからである。聖霊はあなたに自分の完全な心を神に戻すようにと言っている、その心は決して神のもとを去ってはいないのだから。もしその心が神のもとを去ったためしなどないのなら、それを戻すにはただその心をあるがままに知覚すればすむこと。それなら、贖罪を十分に自覚するとは分離は決して起こっていないと再認することである。これが自我は決して起こっていないと実にはっきり言明しているので、自我はこれに勝つことはできない。

自我はじつにたやすく、その戻す必要があるという考えを難しそうに思わせることができるので、その考えは受け入れられる。けれども聖霊は戻す必要さえないと言う、起こったためしのないことが難しいはずはないのだから。しかしながら、あなたは戻すという考えを必要なことにできるし、難しくすることもできるのは確かだ。しかし完全であるものは何をも必要としないということは本当に明らかだし、あなたが完全であろうとすることを難しいと感じるはずはない、そのすがたこそあなた本来のすがたであるから。神が創造なさったものをあなたはこんな風に知覚しなければならないし、知覚するものをみな聖霊の見ている一線へ持ってくること。この線こそ神と意思の疎通をするための直通線であって、あなたの心を神の御心に近づけてくれる。こうして知覚するうちはどこにも葛藤はない、それは知覚がみな聖霊に導かれていることを意味し、その聖霊は御心を神に据えているからである。葛藤を解消できるのは聖霊だけだ、なんの葛藤もないのは聖霊だけなのだから。聖霊はあなたの心のなかの真実だけを知覚し、それを外へ向かって、ただ他の心のなかの真実であるものへと拡張する。

自我の投影と聖霊の拡張との違いはきわめて単純。自我が投影するのは除外するため、すなわち欺くためである。聖霊は御自らをそれぞれの心のなかに認めることによって拡張し、かくしてその心は一つだと知覚する。このように知覚すると、そこには矛盾するものは何もない、聖霊が知覚するものはすべて同じであるから。どこに目を向けようが聖霊は御自らを見るし、そのうえ聖霊は統一されているのでいつも神の国全部を差し伸べる。これこそ神が聖霊に与えられた伝言であり、聖霊がそれそのものなのだから、そのために聖霊は話さなければならない。神の平安はそうした伝言のうちにあるので、神の平安があなたのうちにある。神の国のすばらしい平安はあなたの心のうちに絶えず輝いているが、それを自分で気づくにはその平安が外へ向かって輝かなければならない。

聖霊は全く公平にあなたに与えられている、だからただただ偏見をもたずに見分けることで聖霊を見分けることができる。自我は多勢だが、聖霊は唯一である。神の国ではどこにも暗闇がとどまることはないが、あなたの役割はただ自分自身の心のなかに暗闇をとどまらせないようにすること。こうして光と同調することには限界はない、それはこの世の光であるものと同調しているのであるから。われわれ一人ひとりがこの世の光であり、こうした光のうちに心を合わせ、共にまた一つとなって神の王国を宣言するのである。

三　攻撃放棄

すでに強調しておいたように、想念というものはどれもみな考える人の心のなかで始まる。したがって心から拡張する何かはまだそのなかにあり、何を拡張するかでその心は自らを知る。「知る」という言葉がここでは正しい、聖霊は自らの偏見のない知覚を通して今でもあなたの心のなかに知識を大事に保管しているのだから。何一つ攻撃することはないので、聖霊は神との意思の疎通を妨げることはない。したがって実在するものは決して脅かされたりしない。あなたの神のような心は絶対に汚されることはできないのである。自我は決してそのような心の部分ではなかったし、そうなることも有り得ない、しかしあなたは自我を通して、真実ではないことを聞いたり教えたり学んだりすることはできる。あなたは自分自身に、あなたの本当のすがたを自分ではないと信じるようにと教えてしまった。自分で学んでいないことを教えることはできないし、自分の教えている内容は、それを分かち合っていることになるので、自分自身のなかで強めることになる。あなたは教えていることを一つのこらず自分で学んでいるのである。

だから、あなたはただ一つの教訓を教えなければならない。あなた自身葛藤から解放されるには、ただ聖霊から学び、ただ聖霊によって教える必要がある。あなたはただただ愛である、しかしこれを自分で否定するなら、自分が何なのか、それを習って覚えなければいけないようなものに自分でしてしまう。以前私が述べたように、キリストのはりつけが教えようとしたのは、「愛だけを教えること、あなたは愛そのものであるから」という教えだった。これこそ完全に統一された一つの教訓、一つになっている唯一の教訓がこれであるから。それを教えることによってのみ、それを学ぶことができる。「自分で教えるように自分も学ぶ」ことになる。もしもそれが本当なら、これはまさにその通りなのだが、自ら教えることが自分に教えるということを忘れないほうがいい。そのうえあなたは自ら投影したり拡張したりすることを自分で信じる。

唯一の安全策は聖霊を拡張するうちに見いだされる、なぜなら他の者たちのなかに聖霊の優しさを見るにしたがい、あなた自身の心はその心自体まったく悪意のないものと見て取るからである。いったんこのことを十分に受け入れることができれば、その心は自らを護る必要などないとわかる。すると神に保護されているということが分かり始め、その心はいつまでも絶対に安全だと安心させられる。絶対に安全だとわかっている者は悪意を抱いたりすることなど全くない。祝福されていると知っているので自分も祝福する。不安のない心は本当に親切であり、そうした心は慈善を広めるので慈善心に満ちている。安全であるためには完全に攻撃を放棄することだ。これにはどんな妥協も許されない。どのような形にせよ攻撃することを教えると、自分がそうすることを学んで、それが自分を傷つけることになるだろう。けれどもこうして学んだことは自分の心からいつまでも無くならないわけではない、それを教えないでおけば念頭から去らせることができる。

あなたは教えずにはいられないのだから、あなたの救いは自我の信じることをことごとく、その反対に教えるうちに見いだせる。このようにすることであなたは、他の者たちがその真理をあなたから学ぶにつれて、自分を自由にし、自由なままでいられるようにしてくれる真理が分かってくる。平安をえる唯一つの方法は、平安を教えることである。平安を教えることであなた自身それを学んでいるに相違ない、自分がいまだに切り離して考えていることを教えられるはずがないのだから。ただそのようにすれば、自分で捨てさった知識を取り戻せる。あなたが分かち合おうとする考えは、自分の持っている考えに違いない。確信をもってそれを教えることで、それが自分の心のなかで目覚める。あなたは自分の教えることを一つ残らず自分で学んでいる。ただ愛だけを教え、学んでほしい、愛は自分のものであり自分こそ愛である、と。

四　唯一の御答え

聖霊は、問題ではなくて、御答えだということを思いだしてほしい。いつも先に話すのは自我のほうだ。そんな自我は移り気で、自我を作ってくれた相手をよく思っていない。それが信じていることは、しかも正しくなのだが、その作り手は今にも自我にたいする支持を引っ込めるかもしれない、ということ。もしも自我があなたのことをよく思っているなら、聖霊が御自らあなたをふるさとに連れ戻し、もう聖霊の導きを必要としなくなったことを喜ぶとき、自我も一緒に喜ぶだろうに。自我は自らをあなたの一部分だとはみなしていない。ここに自我の最大のまちがい、その全思考体系の土台となるものを見いだせる。

神はあなたを創造するとき、あなたを御自分の重要な部分となさった。だから神の国においては攻撃などとうてい有り得ない。あなたは愛をもたずに自我を作った、それゆえ自我があなたを愛することはない。愛のないまま神の国にとどまることはできなかったし、神の国は愛そのものなのだから、あなたは自分がその外にいると信じている。こうしたことが自我に、自ら分離しているし、作り手の外にいると見なすことができるようにさせ、かくして自分はたしかに分離していて、神の御心の外にあると信じているあなたの心の部分に代わって、話せるようにもさせる。そのあと、自我はかつて問われた最初の質問を持ち出したが、自我は決してそれに答えられない。「あなたは何なのか」というのがその質問だが、これが疑いを抱く始まりとなった。そのときから、自我はどんな質問にも全然答えていない、とはいえ実に多くの質問をしてはいる。自我のもっとも独創的な活動でさえ、そんな質問をただ不明瞭にしたにすぎない、あなたがその答えを持っており、自我はあなたに恐れを抱いているのだから。

自我は何も分からないという基本的な事実を、十分に理解するまで、あなたは葛藤を理解することはできない。聖霊がさきに話すことはないが、聖霊は必ず返事をする。だれもがみな一度や二度、あれやこれやと聖霊に助けを呼び求めたことがあるし、その願いをかなえられてきた。聖霊は本当に答えるのだから、常に答えてくれるし、それはだれもがみなその答えを今もっていることを意味する。

自我は聖霊を聞くことはできないが、そんな自我を作った心の部分がその自我に逆らっているということはたしかに信じている。こんなことを理由に、自分を作ってくれた相手を攻撃するのは正当だと解釈する。最善の防衛法は攻撃だと信じ、あなたにもそう信じて欲しいと思っている。確かにそうだと信じないかぎり、あなたは自我の側につかないだろう、そこで自我はどうしても味方が必要だと痛切に感じている、だがきょうだいを必要としているわけではない。あなたの心のなかに何か自我そのものとはかけ離れたものを知覚するので、自我はからだを味方とみて頼りにする、からだはあなたの部分ではないのだから。こうしてからだを自我の友にしてしまう。率直に言って、それは分離に基づいた同盟といえる。もしこんな同盟の側についたら、あなたは恐れを抱くだろう、それはいわば恐れの同盟に味方しているようなものであるから。

自我はからだを使ってあなたの心に逆らおうとたくらみ、そのうえ「敵」はただ自我とからだの両方ともあなたの部分ではないと気づくだけで、その両方の始末をつけられるということも自我は気づいているので、自我とからだは一緒になって攻撃に加わろうとする。もし、こうすることが本当に何を必然的に含むのか、それを考えてみれば、これはたぶん最も奇妙な知覚のし方といえる。

実在的でない自我が確かに実在的な心にたいして、心が自我の学びの手だてであり、そのうえからだのほうが心よりもっと実在的なものだと説得しようとしているわけだ。だれ一人、正しい心でこんなことを信じられるはずがないし、正しい心でこんなことを信じる者は一人もいないのはたしかである。

では、自我のかかげるすべての質問にたいする、聖霊の一つの答えを聞いてほしい——あなたは神の子どもであり、神の王国のきわめて貴重な部分であって、神が御自分にとってなくてはならないものとして創造なさった。他には何も存在しないし、ただこれだけが実在的なものである。あなたは眠ることを選んでしまったうえに悪い夢を見ているが、そんな眠りは本当ではないし、神はあなたに目覚めるようにと呼んでおられる。神に耳をかたむけたなら、自分の夢みたことは何も残らないだろう、あなたは目覚めるのだから。夢の中には自我を象徴するものがたくさん含まれており、そんなものがあなたを混乱させてしまった。けれどもそれはただあなたが眠っていて知らなかったからだ。目覚めたときには自分のまわりや、自分のなかに真理そのものを見るだろうし、夢には実在性がなくなるので、もはやそんなものを信じないだろう。しかし神の国とそこであなたが創造したすべてのものが自分にとって著しい実在性をもってくる、その神の国とすべてのものは美しくて真実なのだから。

神の国では、自分がどこにいるのかとか自分が何なのか、こうしたことに完全に確信がもてる。

そこではなんの疑念もない、その最初の質問を問われたためしがないのだから。決定的にはっきり答えが出されているので、そんな質問はいまだかつてない。実在するものだけが神の国に生きており、そこではあらゆるものがなんの疑問も持たずに神のうちに生きている。夢のなかで質問することに費やした時間は創造とそれの永遠性へと引き渡された。あなたは神と同様に真実だから、神と同じように確実である、しかし自分の心のなかでかつては確実であったものが、確実なものを得るための単なる能力になってしまった。

実在するものに色々な能力をとりいれたことで確信がなくなり始めた、能力とは可能性があるということで、為し遂げられた業績ではないのだから。神の業績ならびにあなたの業績を前にしては、あなたの能力は役に立たない。業績とは、達成された結果をいう。それが完全なものであれば、能力は無意味だ。完全であるものが今や完全にされなければならないとは奇妙なこと。事実、それは不可能なことである。しかし思いだしてほしい、あなたは自分自身をとうてい有り得ない情況においたとき、そんな有り得ないことが確かに有り得ると信じている。

能力はまず発達させる必要がある、そうしてはじめて使いものになる。こんなことは神が創造なさったどんなものについても真実ではないが、あなたが作ったもののためには最も思いやりのある解決法といえる。どうしようもないような状況において、自分の能力でそこから抜け出せるところまで、その能力を発達させることはできる。あなたにはそうした能力をいかに発達させるか、それを教えてくれる御案内役がついているが、命令を下す者はいない、いるとすればあなた自身だけだ。こうしてあなたが神の国の担当をまかせられるのであり、これには、それを見つけるための御案内役ならびにそれを保持するための手段の両方ともついてくる。あなたには従うべき模範があり、その人はあなたの命令する力を強め、そうした力をどのようにも減らすようなことは決してしないだろう。したがってあなたは自分勝手に奴隷状態にいると思い込んでいるうちにも、中心的な立場を維持するし、そうし続けること自体、あなたは奴隷になってはいないということを実証する。

あなたが有り得ない状況のなかにいるのは、ただ自分でそのなかにいられると思うからであるにすぎない。もしも神があなたの完全さを見せておいて、あなたが間違っていたと証明されるとすれば、それこそとうてい有り得ない状況にいることになるだろう。こうしたことは、完全である者が自らの完全さを自覚するために自分をその気にさせるには不十分であり、かくしてあらゆるものを持つ者たちですら助けを必要とし、したがってどうしようもないと信じるのを支持するということを実証することになる。こんな風に「理由付ける」ことに自我は携わる。神は御自らが創造なさったものは完全だとわかっておられるので、そうしたものを面と向かってはずかしめるようなことはなさらない。これは、自我が公然と神をはずかしめたとの観念が不可能であるのと同じように不可能なことだろう。

だから聖霊は決して命令しない。命令するとは平等ではないと決めてかかることであり、聖霊はそれが存在しないということを実証しようとしている。前提とすることにたいして忠節を尽くすのは心の法則であり、神が創造なさったものはことごとく神の法則に忠実である。他の法則にたいして忠節を尽くすこともまた可能である、しかし、それはそうした法則が真実だからではなくて、あなたが作ったからである。たとえ神が、あなたは正気を失ったような考え方をしていると証明なさったとしても、それが何のためになるだろうか。神が御自分の確実さを失ったりなさることがあるだろうか。私がたびたび述べたように、あなたは自分の教えていることそのままだ。あなたは自分が罪を犯したなどと、神に教えてもらいたいというつもりなのだろうか。もしも神が、あなたの作った自己を神があなたのために創造された真理そのものに直面させるようなことをなさったなら、あなたはただ恐れを抱くだけであるに違いない。それに自分の正しい心を疑うだろうが、その部分こそ神があなたに与えられた正気、正常な心の状態を見つけることができる唯一の場である。

神は教えるということをなさらない。教えるということは不足するものがあるとの意味を含んでおり、そんなものはないと神は分かっておられる。神は矛盾してはいらっしゃらない。教えることは変えさせることを目指すが、神は変化しないものだけを創造なさった。分離したことで完全さを失ったわけではないが、意思の疎通が十分に行われていないということはいえる。荒々しくて耳ざわりとしかいいようのないかたちでの意思の疎通が自我の声として生じた。そんな声が神の平安を打ち砕くはずはないが、あなたのを木っ端微塵にできるだろう。神はそんな声を消されなかった、というのもそれを一掃するとは攻撃するようなものだからだ。質問されたからといって、問い返すことはなさらなかった。単に御答えを与えられた。神の御答えこそあなたの御師である。

五　聖霊の教訓

すぐれた教師はだれもがそうであるように、聖霊もあなたが今知っている以上のことを知っているが、ただあなたを聖霊自身と同等にするために教えようとする。あなたはすでに自分自身に間違って教えていたが、それは真実でないことを信じたためだった。あなたは自分が完全であるということを信じなかったのである。神はあなたの心は全く完全だと知っておられる、その神があなたは分裂した心を作ったと教えたりなさるだろうか。神は、意思の疎通経路が神に向けて開かれていないということはよく分かっておられる、そのため御自らの喜びを分かち与え、子どもたちが本当に喜びに満ちていると知ることができずにおられる。神御自身の喜びをお与えになることは、限りなく続く過程ではあるが、それは時間のうちではなくて永遠の世において続いていることだ。御子としての身分にある者たちが、神と一つになって意思の疎通をおこなおうとしなければ、神が外へ向けて拡張なさっていることが途絶されてしまう、もっとも神の完全なすがたが遮られるというわけではないが。そこで神は思われた、「我が子たちは眠っているから目ざめさせなければいけない」と。

子どもたちを怖がらせないで起こすために、ただ「夜が明けて光が射し込んでいるよ」と、穏やかな御声でささやきかけるより、もっと優しいやり方があるだろうか。子どもたちをかなりひどく怖がらせている悪い夢は本当ではない、と言い聞かせたりしなくてもいい、子どもたちは魔術を信じるのだから。ただ「さあもう大丈夫だよ」と安心させるだけでよい。そのあと、眠っているときと目ざめているときの違いに気づけるように訓練してやることだ、そうすれば夢を恐れる必要などないと理解できるようになる。そうすれば、子どもたちは悪い夢を見始めるとすぐ、そんな夢を追い払ってほしいと自分から光に頼むだろう。

賢明な教師は何かを教えるとき、それを避けるのではなくてその処理に取り組むことを通して学ばせる。害を免れるには何を避けるべきかを強調せずに、喜びを得るには何を学ぶ必要があるかを強調する。たとえば子どもが「こんなことをしないでおきなさい、けがをしたり危険な目に遭うことになるから、その代わりにこうすれば害を免れ無事でいられるし、怖がらなくてもすむから」、などと言われたとしたらどんな気がするか、どれほど恐れたり混乱したりするか、考えてみることだ。きっとただひとこと「これだけをしなさい」と言われたほうがいいはずである。このように簡単に言われれば、それは実にはっきりしてわかりやすいし本当に容易に覚えておける。

聖霊は決して間違いを並べ立てるようなことはしない、それは子どもたちを怖がらせないようにするためだ、知恵に欠ける者たちはまさしく子どもだといえる。けれども聖霊は子どもたちの呼びかけには必ず答えるし、その信頼できる存在が子どもたちにより確信をもたせる。子どもたちはたしかに空想と実在とを混同してしまい、その違いを見分けられないためにおびえている。聖霊は夢を区別しない。ただ光をあてて消滅させる。聖霊の光は、たとえあなたがどんな夢を見つづけようとも、いつも目ざめるようにとの呼びかけとなる。夢の中には永続するものなど何一つないし、聖霊は神御自らの御光で輝きながら、とわに続くもののためにのみ話してくれる。

A　得るためには、すべてをみんなに与えること

自分のからだや自我や夢などなくなった時にこそ、あなたは自分がいつまでも存続すると分かるようになる。たぶんあなたは、こうしたことは死を通して為し遂げられると思うだろうが、死は実在しないので死は何も成就しない。あらゆることは生命《いのち》を通して為し遂げられるのであり、生命は心にぞくし心のなかにある。からだは生きることもなければ死ぬこともしない、生命そのものであるあなたをその中に含むことなどできないのだから。もし我々が同じ心を分かち合うとすれば、私が死を乗り越えたのだからあなたも死を乗り越えられる。死とは何一つ決心しないで葛藤を解決し

ようとする試み。自我は他にもあれこれ不可能な解決法を試そうとするが、そのどれとも似たり寄ったりで、これが役立たないのは確かだろう。

神がからだを作られたのではない、からだは破壊することができるものだから、したがってそれは神の国にぞくすものでもないわけだ。からだはあなたが自分を何と思っているかを象徴している。それが分離の手だてであることは明らか、だからそれは存在しない。聖霊は、いつものようにあなたが作ったものをとって、それを学びの手だてに変える。もう一つ、いつものことながら、聖霊は自我が分離のための論証として使うことを、分離に反する実証として解釈し直す。もし、心はからだを癒せても、からだは心を癒せないとすれば、心はからだより強いに違いない。どの奇跡もみな、このことを実証する。

私がすでに述べたように、聖霊は奇跡の動機づけをする。いつも聖霊はあなたに心だけが実在的なものだと言っている、分かち合えるのは心だけなのだから。からだは別々だ、したがってあなたの部分であるはずがない。心を一つにすることには意義があるが、一つのからだとなるのは無意味なこと。では心の法則によれば、からだには意味はない。

聖霊にとっては、奇跡に難しさの順序はない。これについて今ではもうあなたも十分に聞きなれてはいるだろうが、いまだに信じられるところまではいっていない。したがってそれがいわんとすることを理解できないし、活用することもできない。我々には神の国のために達成すべきことがあまりにも多いので、このとても重要な概念をわざと見落とすわけにはいかない。この概念こそ私が教え、またあなたにも教えてもらいたい思考体系の本当の礎石ともいえる。それを信じないで奇跡を成すことはできない、これこそ完全に平等であると信じるということなのだから。平等な賜物をひとつだけ、同等である御子たちに差し伸べられるのだし、それは十分に真価を認めるということ。それ以上でもなければ、それ以下でもない。選べる範囲などなければ、難しさの順序は無意味となり、あなたがきょうだいに差し伸べることには何の違いもあってはならない。

神のもとへ導いてくれる聖霊は、意思の疎通をすることを実在することへと変える、それはちょうど聖霊が究極的には知覚を知識へと変えるのとおなじ。あなたは意思の疎通をおこなうものを失うことはない。自我は攻撃したり、快楽のためとか自慢するためにからだを利用する。こんな知覚のし方は気違いじみているし、そんな見方をすると実に恐ろしくなる。聖霊はからだを単なる意思の疎通の手段と見るし、意思の疎通を行うとは分かち合うことなので、それが霊的交わりとなる。多分、あなたは愛ばかりでなく恐れをも伝えられるし、したがってそれを分かち合うこともできると思うだろう。けれども、そうできそうに見えて実際にできることではない。恐れを伝える者たちはいわば攻撃を助長しているし、攻撃はいつも意思の疎通をさえぎることになり、それを不可能にする。たしかに自我と自我は一時的に忠誠をつくすつもりで一緒にはなるが、それは必ず各自が別々に何か手に入れられるものの為だ。聖霊は各自がみんなに与えることができるものだけ伝える。聖霊はあなたにそれを取っておいて欲しいので、決してなにも取り戻そうとはしない。したがって、聖霊の教えはつぎの教訓で始まる。

得るためには、すべてをみんなに与えること。

これこそ本当の準備段階の一歩であって、あなたが自分自身のために取る必要がある唯一の歩み。自分でその一歩を完了する必要はないが、その方向に振り向くことは必要だ。その道を行くことを選んだからには、あなた自身がその旅路の責任をとることにしたわけで、そこにただ一人留まらなければいけない。この一歩は葛藤を解消するよりむしろつのらせるように思えるかもしれない、これこそ自分の知覚を逆にして正しいほうを上にするための第一歩であるから。こうすることは自分がいまだに捨てていない転倒した知覚と矛盾するが、そうでなかったら方向を変える必要もなかったはず。この段階に長いあいだとどまって、きわめて激しい葛藤を経験する者もいる。その人たちはこの時点で、そんな矛盾を解消する方向へむかって次の歩みを取るよりも、むしろそれを受け入れようとするかもしれない。しかしながら、最初の一歩そのものを取っているので、助けてもらえるだろう。いったん、一人では完了できないことを選んだからには、もはや一人きりではないということである。

B　平安を得るためには、平安を学ぶためにそれをまず教えること

分離していると信じる者はみな、仕返しされたり見捨てられたりするのではないかという根本的な恐れをもっている。攻撃や拒絶を信じるので、そんなことを知覚したり教えたり学んだりする。このような気違いじみた考えは解離や投影の結果であることは明らか。何を教えるかで自分が現れるが、間違って教えることがあるのはしごく明白であり、したがって自分自身に間違って教えることも有り得る。私が攻撃などしていなかったことは明白であるにもかかわらず、私に攻撃されているように思った者が大勢いる。正気を失った者は変なことを習うものだ。ある思考体系を分かち合わないでおくなら、それを弱めているのだということを、あなたは気づかなければならない。したがってそれを信じる者たちは、こうしたことを自分にたいする攻撃だと知覚する。これはだれもがみな自分自身の思考体系と同一感をもつからそうなるのであり、どの思考体系も一つ残らず自分が何だと信じているかということが、その中心にある。もし思考体系の中心となるものが真実なら、そこからは真理のみを拡張する。けれども、もし嘘がその中心になっていれば幻想だけを発することになる。

すぐれた教師たちは、みんな根本的な段階での変化だけが永続すると悟っているが、その段階か

ら始めるというわけではない。変わろうとする気持ちを強めることがまず最も重要な目標となる。それはまた決定的かつ最終的な目標でもある。変わることを保証するためには、教師はただ生徒の変わりたいという気持ちを増すことだけが必要となる。やる気が変わるとは心が変わることであり、これが根本的な変化をうみだすのは必然的、心は確かに根本的なものであるから。

逆にする、あるいはもとどおりにする過程における第一歩は、手に入れるという概念をもとどおりにすることだ。従って、聖霊の最初の教訓は「得るためには、すべてをみんなに与えること」だった。こうすることは一時的に葛藤を増すことになりがちだと私は述べておいたが、ここでこれをよりいっそう明らかにできる。この時点では、「持っている」のと「実在する」のは等しいということがまだ知覚されていない。そうなるまでは、「得ること」は「与えること」の反対であるように見える。したがってこの最初の教訓はつじつまが合わないように思えそうだが、それは矛盾した心でわかろうとするからだ。これは動機が矛盾していることを意味し、それでいまだにこうした教訓を首尾一貫して学ぶことができていない。さらに生徒の心その心自体の矛盾を投影し、したがって他の者たちの心が一貫しているとは知覚しないので、その生徒は他の者たちの動機について深い疑いをもつ。いろいろな点において、この最初の教訓を学ぶのが最も難しい本当の理由がこれだ。いまだに自分自身の自我にはっきりと気づいているうえ、主に他の者たちの自我に応じるうちに、あなたはあたかも自分が確かに信じていることは真実ではないとして、その両方に反応することを教わっている。

ものごとが逆さまなのはいつものことながら、自我はこの最初の教訓を気違いじみていると知覚する。事実、自我が選べるのはこれだけ、別の可能性は自我にはもっと受け入れ難いことで、自我のほうこそ明らかに気違いじみているということになるのであるから。自我が下す審きは、いつものようにここでも、それが何であるかであらかじめ決まっている。それでも根本的な変化は、考える人の心が変わるにつれて起こるだろう。その間、聖霊の御声はますますはっきりしてくるので、生徒はそれに耳を傾けずにはいられなくなる。そこで当分は矛盾する教えを受け取り、両方とも受け入れているのだ。

相入れない思考体系のあいだでの葛藤から抜け出す方法は、一方を選んで他のを捨てることであるのは明らかだ。もしもあなたが自分の思考体系と一体感をもつとすれば、これは免れないことではあるが、その上もしあなたが全く一致しない二つの思考体系を受け入れたなら、心に平安を得るのは不可能となる。もし両方教えるとすると、これまたいうまでもなく、両方受け入れている限りそうすることは確かなのだが、葛藤のもとを教えまた学んでいることになる。だがあなたが平安を望んでいることも確かだろう、そうでなければ助けてほしいと平安の御声に頼んだりしなかっただろうから。その御声があたえる教訓は正気を逸してはいない、葛藤こそ正気ではないのである。

正気と正気でないこと、すなわち正常な心の状態とそうでない状態とのあいだに葛藤は有り得ない。一方だけが真実であり、したがってそれだけが実在する。自我は、どちらの声が真実であるか、それを決めるのはあなただと説得しようとするが、聖霊は、真理は神によって創造されたのであり、それをあなたの決心で変えることはできないと教える。聖霊の御声の静かな力、またそれが完全に一貫していると気づき始めるにつれ、あなたは自分のためにこそ変更などできないように決められていることを、自分で取り消そうとしているのだ、と自分の心にもわかってくるにちがいない。それで私は以前、あなたのために神を支持するという決心を聖霊にしてもらうことを、自分自身に思い出させるようにと勧めた。

あなたは正気を逸した決心をするようにと求められてなどいない、自分ではそう思えるかもしれないが。しかしながら、神の創造なさったものが何なのか、それを決めるのは自分次第だと信じるとは正気ではないに違いない。聖霊はそんな矛盾をそのまま正確に知覚する。したがって聖霊の第二の教訓はつぎのようになる――

平安を得るためには、平安を学ぶために、それをまず教えること。

これはまだ予備的な段階での一歩といえる、「持っている」のと「実在する」のとをいまだに等しいとはみていないのだから。しかしながら、ただ思考を逆にし始めることにすぎない最初の一歩よりも、いくぶん進んでいるといえる。この二番目の歩みは自分の望むことを積極的に肯定することだ。そこで、これは葛藤から抜け出す方向への一歩といえる、選択できることを考慮したあと、そのうちの一つをより望ましいとして選んだという意味だから。けれども「より望ましい」ということばは、まだ望ましいものに度合いがあると暗に意味している。したがってこれは究極的な決心に欠かせない歩みではあるが、最終的な歩みでないことは明らかだ。奇跡には難しさの順序はないということがまだ受け入れられてはいない、全面的に望まれたことに難しいことは何一つないのだから。全面的に望むとは創造することであり、神御自らあなたを創造主として創造なさったとすれば、創造するのは難しくないはずである。

　ではそうした二番目の歩みはまだ知覚的なものだ、たとえそれは神の知っておられることを反映しているといえる、統一された知覚へ向かう大きな一歩だとはいえども。あなたがこうした一歩を取りこの方向に進み続けるにしたがい、自分の思考体系の中心に向かって押し進むことになり、そこで根本的な変化が起こるだろう。二番目の段階における進歩はとぎれとぎれだが、その二番目は最初の一歩に続くのだからそれよりもたやすくはなる。それが必ず続くに違いないと気づくということは、聖霊が自分をそうするように仕向けてくれる、という自覚が次第に高まっていることを実証している。

C　神と神の王国のためにのみ絶えず注意を怠らないこと

聖霊は何につけそれを評価しようとするし、またそうでなければならない、と前に述べたことがある。聖霊はあなたの心のなかの間違ったものから真実であるものをより分け、そのうえであなたに、自分の心に入り込ませる思いを一つ残らず、神がそこに置かれた光に照らし合わせて判断するようにと教える。この光と一致するものは、あなたの内なる神の国を強めるためにと聖霊が保持する。部分的に一致するものは、それを受け入れたうえで清める。しかし全く一致しないものは、それに反する審きを下し拒絶してしまう。このようにして神の国を完全に首尾一貫しており、かつ完全に統一されたすがたに保つのである。しかしながら、聖霊の拒絶するものを自我が受け入れるということを思い出してほしい。これは両者があらゆることについて根本的に同意しないからであり、それもあなたが何であるか、それについて根本的に同意していないからだといえる。この非常に重要な論点について自我の信念があれこれと変わり、それで色々な気分にさせてしまうわけだ。聖霊はこの点について決して変わることはないので、ただただ喜びを生じさせる。喜びを育まないようなものはことごとく払いのけてそれを保護するので、その聖霊だけがあなたを完全な喜びに満たされたままにしておける。

聖霊はあなたに他の人を審くことを教えたりはしない、あなたが間違っていることを教えて、自分自身それを学んでしまうことを望んではいないのだから。もしも聖霊が、あなたがあることを避けるようにならなければいけないのに、返ってそれを強めることになりかねないのを許したりすれば、聖霊は決して一貫しているとはいえなくなってしまう。では、考える人の心のなかでは聖霊はたしかに審きを下すわけだが、それはただ、心を統一することで心が審くことなく知覚できるようになるためだ。これが心を、審くことなく教えられるようにするし、したがって審かずにいられるようになる。取り消すことが必要なのは自分の心のなかのことだけだが、そうすれば拡張するかわりに投影したりしなくなる。神御自らあなたが全く安全に拡張できるものを確立なさった。したがって、聖霊の第三の教訓はつぎのようになる――

神と神の王国のためにのみ絶えず注意を怠らないこと。

これこそ根本的に変わるための主要な一歩である。けれどもそれはまだ思考が転倒した一面がある、何かにたいして絶えず注意を怠らないでいる必要があるとほのめかしているのだから。これは、第一の教訓、すなわち単に考え方を逆にし始める段階からみればはるかに進んでいるし、また第二の教訓、すなわち何がより望ましいものなのかを本質的に確認する段階からも、かなり進んでいるとはいえる。この一歩は、二番目のに続き、同様にその二番目のは最初のに続いているのだが、これは望ましいものと望ましくないものとの間が二分されていることを強調している。したがってこの段階では、究極的な選択を避けられなくなる。

最初の一歩は葛藤を増すように思えるし、二番目のもまだある程度はそれを必然的に伴うかもしれないが、この三番目ではそんな葛藤に逆らうために首尾一貫して注意を怠らないことを要する。私がすでに言ったように、あなたは自我を支持して絶えず注意を怠らずにいられると同様に、それに逆らって警戒することもできる。この教訓はあなたにはそうなれるというだけでなく、必ずそうならなければいけないと教えている。この教訓そのものは難しさの順序と関係ないが、何のために絶えず注意を怠らずにいることを優先させるか、それを明白にするのには関係がある。この教訓は例外があってはならないと教えているのであいまいなところはない、とはいえ例外を作るかどうか心に惑いが起こるのを否定するのではない。そういうわけで、ここでは、あなたはかなり混乱しているにもかかわらず、一貫性を要求されている。ただし、混乱状態と一貫性とが長いあいだ共存するはずがない、その二つは両立しないのであるから。しかしながら、何にせよ、それに逆らおうと警戒しなければならないあいだは、こんなことが両立しないことに気づいていないし、まだどちらか一つ選べるものと信じている。何を選ぶべきか、それを教えることで、聖霊は究極的にあなたには全然選ぶ必要などないということを教えてくれる。これが最終的にはあなたの心を選択することから自由にし、神の国において創造することに向けるだろう。

聖霊を通して選ぶことがあなたを神の国へと導いてくれる。あなたは本当の自分でいることで創造するわけだが、自分が何であるかを思い出さなければならない。それを思い出す方法は第三段階の歩みに内在しているし、この歩みは他の二つに含まれた教訓をまとめ、それを越えて真の統合へ導く。もしもあなた自身、心のなかに神が置いてくださるものだけを置いておくなら、自分の心は神が創造なさったものだと承認することになる。したがって、それをあるがままに受け入れている。そうした心は完全なのだし、あなたは自ら平安を信じるので、平安を教えている。最後の一歩はやはり神があなたのために取ってくださる、しかし第三段階までには、聖霊があなたに神を受け入れる準備を整えさせている。聖霊と共に取らなければならないごく自然な歩みにそって、「持つこと」を「実在すること」へと変える用意をさせてくれている。

あなたはまず「持つこと」は手に入れることによるのではなく、与えることによるのだと分かるようになる。つぎに、あなたは自分の教えることを自ら学ぶのであり、自分は平安を学びたいと望んでいるということが分かってくる。これこそ神の国との一体感を得るための条件、それが神の国の状況そのものであるから。あなたは自分が神の国の外にいると信じてしまったので、その結果自分自身をそこから締め出したものと信じている。したがって、あなたはきっとそこに含まれていると教えることが絶対必要だし、あなたがそうではないと自分で信じていること、それだけを排除する必要がある。

三番目の段階は、すなわちあなたの心を護るためのものであり、あなたにはその中心だけと一体感を持つようにさせ、そこに神は御自身への祭壇を置かれた。祭壇とは信念のことだが、神と神の創造なさったものは確かなものなので、信念を越えている。神に代わって話す御声はただ確かな信念のために話すのであり、それは何の疑いもなく実在するための準備といえる。神とその王国について信じることを、自分の心のなかに何等かの疑いを抱いて攻めたてるうちは、神が申し分なく成就なさったことがあなたには明白ではない。だからあなたは神のために、絶えず注意を怠らないようにしなければならないのだ。自我は神が創造なさったものに反して話し、そのために疑いを生じさせる。あなたは自分で完全に信じるまで信念の域を越えることはできない。

御子としての身分にある者みんなに例外なく教えるとは、あなたがその身分の完全なすがたを知覚し、それがひとつであると分かっているということを実証する。そこで、そうした身分は一つであるということを自分の心に留めておくために、絶えず注意を怠らないようにしなければならない、なぜなら、もし疑いを抱きはじめたら、その身分は完全なすがたであるという自覚を失ってしまい、そのことを教えることができなくなるからだ。神の国の完全なすがたは、あなたがそう知覚するかどうかに左右されることはないが、その完全さをあなたが自覚するのには、それに左右される。ただ自分の自覚することだけは護る必要がある、実在するものは攻めたてられて悩まされることは有り得ないのだから。けれども、自分が何なのか、それに疑いを抱くかぎり、本当に実在していると実感することはできない。だから絶えず注意を怠らないことが、きわめて重要となる。実在するものについて自分の心に疑念をいだいてはならない、さもないと自分が何なのか、それを確信を持って知ることはできない。確実性は神からくるのであり、それはあなたのためである。絶えず注意を怠らずにいることは真理にたいして必要ではないが、錯覚に備えるには必要といえる。

真理とは錯覚をともなわないもの、したがってそれは神の国にある。神の国の外にあるものはことごとく錯覚だ。あなたは真理を捨てた時、自分自身にはそれがないものと見てしまった。自分で価値があると思うもう一つ別の王国を作り、自分の心のなかに神の王国だけを持ち続けずに、自分の心の一部をその外に置いた。自分で作ったものがあなたの意志を閉じ込めたうえ、あなたには癒される必要のある病気の心を与えた。こんな病気に対して絶えず注意を怠らないようにすることが、その心を癒す方法といえる。いったんあなたの心が癒されたら、その心は健全さを光のように放ち、それによって癒しを教える。これがあなたを私と同じように教える教師として確かなものとさせる。絶えず注意を怠らないようにと、あなたに要求されたのと同様、私にも要求されたし、同じことを教えるという選択をする者は、何を信じるのか同意していなければならない。

そこで、三番目の段階は自分が何を信じたいと望むのか、それを言明しており、それ以外のものを一つ残らず捨てる気になる必要がある。聖霊は、もしあなたがついてくるなら、この歩みを取れるようにしてくれる。あなたが絶えず注意を怠らないでいれば、それが聖霊に自分を導いてほしいと本当に望んでいるというしるしになる。絶えず注意を怠らないようにするには努力を要するのはたしかだが、それは努力すること自体必要でないと分かってくるまでのこと。自分で作ったものを保存するために大変な努力をしたというのも、そんなものは真実ではないからだ。したがってここで、それに反対するために努力を向けなければならない。ただこうすることだけが努力する必要をなくせるし、あなたが確かに持っていてまさにそれそのものだといえる実在するものを呼ぶことになる。これを再認識するには全くなんの努力もいらない、実在するものはすでに真実なので護る必要などないのだから。それは神のうちにあって、まったく安全だ。したがってすべてが含まれており、創造に限界はないのである。

奇跡の道　兄イエズスの教え　◎　全巻目次

◎本文

第二二三課　神こそ我が命、自分には神の命しかない

第二二四課　神こそ我が御父であり、御子を愛しておられる

第二二五課　神こそ我が御父であり、御子はその御父を愛する

第二二六課　自分の生家は用意されている。急いでそこへ行くことにしよう

第二二七課　今こそ自分が解放される聖なる一瞬

第二二八課　神は自分を非難してはいらっしゃらない。もう自分もしないでおこう

第二二九課　自分を創造してくださった御愛こそ、自分の本来のすがたそのもの

第二三〇課　今こそ神の平安を探して見いだすことにしよう

二　救いとは何か

第二三一課　御父よ、自分はただあなたを思い出すつもりです

第二三二課　我が御父よ、一日を通じて、自分の心の中にいてください

第二三三課　今日こそ、神に導いていただくために自分の命を捧げよう

第二三四課　御父よ、今日こそ自分はふたたびあなたの子です

第二三五課　神は慈悲をもって、自分が救われるようにと意図なさっている

第二三六課　自分の心を自分で支配する、それを自分だけが支配しなければならない

第二三七課　今こそ神が創造してくださったままの自分になろう

第二三八課　救いはすべて自分の決断にかかっている

第二三九課　我が御父の栄光は自分のものでもある

第二四〇課　どんなかたちにせよ恐れには正当な理由はない

三　この世界とは何か

第二四一課　この聖なる一瞬に救いはくる

第二四二課　この一日は神の日。この日をそのお方に捧げる

第二四三課　今日は、何が起ころうとも自分では判断を下さないでおこう

第二四四課　この世界で自分にとって危険なところはどこにもない

第二四五課　御父よ、自分にはあなたの平安があり、安全です

第二四六課　御父を愛するとは御子を愛すること

第二四七課　許しがなければ、自分は盲目のままになる

第二四八課　何であれ、苦しんでいるものは自分の一部ではない

第二七四課　今日は御愛に属している。恐れずにいよう

第二七五課　今日は神の癒しの御声がすべてのものを保護してくれる

第二七六課　神の御言葉を話すようにと自分に与えられている

第二七七課　あなたの御子を自分の作ったおきてで縛るようなことはしないでおきましょう

第二七八課　もし自分が縛られているなら、自分の御父も自由とはいえない

第二七九課　創造されたものの自由が自分自身の自由を約束する

第二八〇課　神の子にどのような制限を課せられというのだろう

七　聖霊とは何か

第二八一課　自分を傷つけられるのは自分の思い以外のなにものでもない

第二八二課　今日は、愛を恐れることはない

第二八三課　自分の本当の真の身元はあなたのうちに留まっています

第二八四課　自分を傷つけるような思いをみな変えることを選択できる

第二八五課　今日こそ自分の神聖さが明るくはっきりと輝く

第二八六課　今日、自分の胸は天国の静けさで満ちている

第二八七課　あなたこそ自分の目標です、我が御父よ。あなただけが

第二八八課　今日こそ自分のきょうだいの過去を忘れることにしよう

第二八九課　過去は去った。それが自分を害することはできない

第二九〇課　自分の今の幸せが見えるだけ

八　実相の世界とは何か

第二九一課　この日は静けさと平安に満ちている

第二九二課　すべてが喜ばしい結果になることは確かである

第二九三課　恐れはすべて去り、ここにあるのは愛のみ

第二九四課　自分のからだはまったく中立である

第二九五課　聖霊は今日、自分を通して見つめる

第二九六課　聖霊は今日、自分を通して話す

第二九七課　許しこそ、自分の与える唯一の贈り物

第二九八課　御父よ、愛しています、そしてあなたの御子を愛します

第二九九課　永遠なる神聖さが自分にはある

◎教師用手引き

記述者紹介
ヘレン・シャックマン（Helen Schucman）
1909 - 1981 年。非宗教的なユダヤ系の両親のもと、ニューヨークに生まれる。40 代で心理学の博士号を取得したのち、アメリカ、ニューヨーク州コロンビア大学で心理学助教授に就任、ここで上司であるウィリアム・セットフォードと出会う。1965 年、イエズスと思われる存在から内なる声が聞こえるようになり、セットフォードの助けを借りながら、1972 年までそれをノートに書き取る作業を続け、1976 年、『奇跡の道』を出版した。

編集者紹介
ウィリアム・セットフォード（William Thetford）
1923 - 1988 年。アメリカ、イリノイ州シカゴに生まれる。
ニューヨーク州コロンビア大学の心理学教授を務めていたときに、自らの体験に怯えるヘレンにメッセージの書き取り作業を続けるよう励まし、ヘレンが読み上げるノートの内容をタイプして、『奇跡の道』の出版を果たした。

ケネス・ワプニック（Kenneth Wapnick）
1942 - 2013 年。ニューヨークのブルックリンに生まれる。
心理学者。1972 年にヘレンとビル（ウィリアムの愛称）と出会い、両氏と共に『奇跡の道』の編集に携わった。その後は「Foundation for A Course in Miracles（FACIM）」の代表を務め、『奇跡の道』の教育と普及に活躍した。

訳者紹介
田中 百合子（たなか ゆりこ）
1975 年、永遠なるものを求めて、二度目の渡米。その後の 17 年間、米国にてカトリック系修道会在籍中、1990 年に ACIM との出会いに恵まれる。イエズスの教えを分かち合いたいと願い、まずは、自らの学びのためにとイエズスの導きを仰ぎつつ翻訳作業に携わる。その成果を分かち合う活動を始めて今日に至る。

H P　　　http://www.forinnerpeace.jp
Twitter　（ACIM_jc）@innerpeaceforyo

奇跡の道 兄イエズスの教え

1　本文・序文～第六章

●

2016年3月27日　初版発行

記／ヘレン・シャックマン
編／ウィリアム・セットフォード、ケネス・ワプニック
訳者／田中 百合子

編集・ＤＴＰ／佐藤恵美子

発行者／今井博央希

発行所／株式会社ナチュラルスピリット
〒107-0062　東京都港区南青山5-1-10
南青山第一マンションズ602
TEL 03-6450-5938　FAX 03-6450-5978
E-mail：info@naturalspirit.co.jp
ホームページ http://www.naturalspirit.co.jp/

印刷所／シナノ印刷株式会社

ISBN978-4-86451-198-8　C0011